SCHEMOT / 2. MOSE

Übungsbuch

Schemot / 2. Mose Übungsbuch

Alle Rechte vorbehalten. Durch den Kauf dieses Übungsbuchs darf der Käufer die Übungsblätter nur für den persönlichen Gebrauch und den Unterricht, jedoch nicht für den kommerziellen Weiterverkauf kopieren. Mit Ausnahme der oben genannten Bestimmungen darf dieses Übungsbuch ohne schriftliche Genehmigung des Herausgebers weder ganz noch teilweise in irgendeiner Weise reproduziert werden.

Bible Pathway Adventures® ist eine Marke von BPA Publishing Ltd.

ISBN: 978-1-9992275-5-5

Autor: Pip Reid
Kreativdirektor: Curtis Reid
Lektorat: Marco und Sonja Röder

Für kostenlose Bibelmaterialien und Lehrerpakete mit Malvorlagen, Arbeitsblättern, Quizfragen und mehr besuchen Sie unsere Website unter:

shop.biblepathwayadventures.com

◇◆ EINFÜHRUNG ◆◇

Ihre Schüler werden mit unserem *Schemot / 2. Mose Übungsbuch* mit Begeisterung die Thora kennenlernen. Wir haben jeden Thora-Abschnitt mit Bibelquiz, Arbeitsblättern, Rätseln und Fragen gefüllt, um Ihnen als Lehrer / Mitarbeiter zu helfen, Kindern den biblischen Glauben auf eine lustige und unterhaltsame Weise beizubringen. Es ist das perfekte Arbeitsmaterial für Ihre Sabbatklasse oder den Kindergottesdienst und Ihren Unterricht zu Hause. Inklusive Bibelstellenreferenzen für das einfache Nachschlagen von Bibelversen und einer praktischen Antwortenliste für Sie als Lehrer / Mitarbeiter.

Bible Pathway Adventures unterstützt, mit Hilfe unserer illustrierten Geschichten, Pädagogen und Eltern dabei, Kindern den biblischen Glauben auf unterhaltsame, kreative Weise zu vermitteln. Lehrerpakete, Übungsbücher und Druckvorlagen sind als Download auf unserer Website www.biblepathwayadventures.com verfügbar.

Vielen Dank, dass Sie dieses Übungsheft gekauft und unseren Dienst unterstützt haben. Jedes gekaufte Buch hilft uns dabei, Familien und Missionsarbeit auf der ganzen Welt mit kostenlosen Materialien zu versorgen.

*Die Suche nach der Wahrheit macht mehr Spaß,
als in Traditionen zu verharren!*

◇ INHALTSVERZEICHNIS ◇

Einführung 3

Thora Studienführer 8
Wir lernen Hebräisch 9

Schemot
Schemot Thora Lese-Quiz 12
Schemot Propheten Lese-Quiz 13
Schemot Apostel Lese-Quiz 14
Schemot Wortsuche 15
Schemot Übungsblatt 16
Schemot Malvorlage 17
Wir lernen Hebräisch: Schemot 18
Schemot: Wir besprechen 19

Wa'era
Wa'era Thora Lese-Quiz 20
Wa'era Propheten Lese-Quiz 21
Wa'era Apostel Lese-Quiz 22
Wa'era Wortsuche 23
Wa'era Übungsblatt 24
Wa'era Malvorlage 25
Wir lernen Hebräisch: Wa'era 26
Wa'era: Wir besprechen 27

Bo
Bo Thora Lese-Quiz 28
Bo Propheten Lese-Quiz 29
Bo Apostel Lese-Quiz 30
Bo Wortsuche 31
Bo Übungsblatt 32
Bo Malvorlage 33
Wir lernen Hebräisch: Bo 34
Bo: Wir besprechen 35

Beschalach

Beschalach Thora Lese-Quiz	36
Beschalach Propheten Lese-Quiz	37
Beschalach Apostel Lese-Quiz	38
Beschalach Wortsuche	39
Beschalach Übungsblatt	40
Beschalach Malvorlage	41
Wir lernen Hebräisch: Beschalach	42
Beschalach: Wir besprechen	43

Jitro

Jitro Thora Lese-Quiz	44
Jitro Propheten Lese-Quiz	45
Jitro Apostel Lese-Quiz	46
Jitro Wortsuche	47
Jitro Übungsblatt	48
Jitro Malvorlage	49
Wir lernen Hebräisch: Jitro	50
Jitro: Wir besprechen	51

Mischpatim

Mischpatim Thora Lese-Quiz	52
Mischpatim Propheten Lese-Quiz	53
Mischpatim Apostel Lese-Quiz	54
Mischpatim Wortsuche	55
Mischpatim Übungsblatt	56
Mischpatim Malvorlage	57
Wir lernen Hebräisch: Mischpatim	58
Mischpatim: Wir besprechen	59

Teruma

Teruma Thora Lese-Quiz	60
Teruma Propheten Lese-Quiz	61
Teruma Apostel Lese-Quiz	62
Teruma Wortsuche	63
Teruma Übungsblatt	64
Teruma Malvorlage	65
Wir lernen Hebräisch: Teruma	66
Teruma: Wir besprechen	67

Tezawe

Tezawe Thora Lese-Quiz	68
Tezawe Propheten Lese-Quiz	69
Tezawe Apostel Lese-Quiz	70
Tezawe Wortsuche	71
Tezawe Übungsblatt	72
Tezawe Malvorlage	73
Wir lernen Hebräisch: Tezawe	74
Tezawe: Wir besprechen	75

Ki Tissa

Ki Tissa Thora Lese-Quiz	76
Ki Tissa Propheten Lese-Quiz	77
Ki Tissa Apostel Lese-Quiz	78
Ki Tissa Wortsuche	79
Ki Tissa Übungsblatt	80
Ki Tissa Malvorlage	81
Wir lernen Hebräisch: Ki Tissa	82
Ki Tissa: Wir besprechen	83

Wajakhel

Wajakhel Thora Lese-Quiz	84
Wajakhel Propheten Lese-Quiz	85
Wajakhel Apostel Lese-Quiz	86
Wajakhel Wortsuche	87
Wajakhel Übungsblatt	88
Wajakhel Malvorlage	89
Wir lernen Hebräisch: Wajakhel	90
Wajakhel: Wir besprechen	91

Pekude

Pekude Thora Lese-Quiz	92
Pekude Propheten Lese-Quiz	93
Pekude Apostel Lese-Quiz	94
Pekude Wortsuche	95
Pekude Übungsblatt	96
Pekude Malvorlage	97
Wir lernen Hebräisch: Pekude	98
Pekude: Wir besprechen	99

Antwortenliste	100
Weitere Übungsbücher entdecken!	107

SCHEMOT WÖCHENTLICHER THORA STUDIENFÜHRER

Mit Lesungen von den Propheten und Aposteln

Parascha	Thora-Lesung	Lesung der Propheten	Lesung der Apostel
Schemot	2. Mose 1:1-6:1	Jesaja 27:6–28:13; 29:22-23	Hebräer 11:23-27
			Apostelgeschichte 7:17-35
			Lukas 20:37
Wa'era	2. Mose 6:2-9:35	Hesekiel 28:25–29:21	Römer 9:14–17
			Apostelgeschichte 7:7,17–35
			1 Korinther 3:11–15
Bo	2. Mose 10:1-13:16	Jeremia 46:13-28	Johannes 19:1-37
			Apostelgeschichte 13:16-17
			2 Korinther 6:14-7:1
Beschalach	2. Mose 13:17-17:16	Richter 4:4-5:31	1 Korinther 10:1-13
			Offenbarung 15:1-4
			Römer 9:15-23
Jitro	2. Mose 18:1-20:26	Jesaja 6:1-7:6, 9:6-7	Matthäus 19:16-30
			1 Timotheus 3:1-3
			Jakobus 2:8-13
Mischpatim	2. Mose 21:1-24:18	Jeremia 34:8-22, 33:25-26	Jakobus 3:2-12
			Matthäus 5:38-42
			Hebräer 12:25-29
Teruma	2. Mose 25:1-27:19	1 Könige 5:26-5:13	Hebräer 13:10-12
			Matthäus 5:14-16
			Hebräer 10:19-22
Tezawe	2. Mose 27:20-30:10	Hesekiel 43:10-27	Hebräer 5:1-10
			Hebräer 13:10-17
			Römer 12:1
Ki Tissa	2. Mose 30:11-34:35	1 Könige 18:1-39	1 Korinther 12:1-31
			Apostelgeschichte 7:39-42
			Hebräer 3:1-6
Wajakhel	2. Mose 35:1-38:20	1 Könige 7:13-26, 40-50	Hebräer 9:1-28
			2 Korinther 9:1-15
			Hebräer 10:26-31
Pekude	2. Mose 38:21-40:38	1 Könige 7:51-8:21	1 Korinther 3:1-17
			Hebräer 5:1-11
			Hebräer 7:1-8:6

WIR LERNEN HEBRÄISCH

Das hebräische Alphabet hat 22 Buchstaben. Verwende diese Tabelle als Orientierungshilfe, wenn du das hebräische Wort für jeden Thora-Abschnitt lernst.

Aleph	Bet	Gimel	Daleth	He
א	ב	ג	ד	ה
Waw	**Zajin**	**Chet**	**Tet**	**Yod**
ו	ז	ח	ט	י
Kaph	**Lamed**	**Mem**	**Nun**	**Samech**
כ	ל	מ	נ	ס
Ayin	**Pe**	**Tzade**	**Qoph**	**Resch**
ע	פ	צ	ק	ר
Schin	**Taw**			
ש	ת			

LASST UNS SCHREIBEN

Übe diese hebräischen Buchstaben in den folgenden Zeilen zu schreiben. Denke daran, dass Hebräisch von RECHTS nach LINKS geschrieben wird.

א

ב

ה

ם

ן

LASST UNS SCHREIBEN

Übe diese hebräischen Buchstaben in den folgenden Zeilen zu schreiben.
Denke daran, dass Hebräisch von RECHTS nach LINKS geschrieben wird.

SCHEMOT THORA LEKTÜRE

Lies 2. Mose 1,1-6,1.
Beantworte die folgenden Fragen.

1. Warum ließ der Pharao die Israeliten als Sklaven arbeiten? ....

2. Welche Anweisungen gab der Pharao den hebräischen Hebammen? ....

3. Welchem Stamm Israels gehörte Mose an? ....

4. In welches Land ist Mose geflohen? ....

5. Wer wurde die Frau von Mose? ....

6. Wie erschien der Engel Gottes Mose? ....

7. Welche Anweisungen hat der Engel Gottes Mose gegeben? ....

8. Was geschah, als Mose seine Hand in sein Gewand steckte? ....

9. Mit wem kehrte Mose in 2. Mose 4,29 nach Ägypten zurück? ....

10. Wie reagierte der Pharao, als Mose ihn bat, die Israeliten zu befreien? ....

SCHEMOT PROPHETEN LEKTÜRE

Lies Jesaja 27,6-28,13 und 29,22-23.
Beantworte die folgenden Fragen.

1. "Israel wird blühen und grünen und sie werden den ganzen ____ mit Früchten füllen." (Jesaja 27,6) ....

2. "daß er alle ____ gleich zerschlagenen Kalksteinen macht..." (Jesaja 27,9) ....

3. "Und keine Aschera-Standbilder und ____ mehr aufrichtet..." (Jesaja 27,9) ....

4. Wo wird Jah das Korn wachsen lassen? ....

5. Wie werden die Israeliten gesammelt werden? (Jesaja 27,12) ....

6. Was wird an dem Tag geschehen, an dem die Israeliten gesammelt werden? ....

7. Wohin werden die Israeliten zur Anbetung kommen? ....

8. Wie wird Jah zu seinem Volk sprechen? (Jesaja 28,11) ....

9. Wie kommt das Wort Elohims zu den Menschen? (Jesaja 28,10) ....

10. Wen hat Jah in Jesaja 29,22 erlöst? ....

SCHEMOT APOSTEL LEKTÜRE

Lies Hebräer 11,23-27, Apostelgeschichte 7,17-35
und Lukas 20,37.
Beantworte die folgenden Fragen.

1. Wie nannte Mose Jah? (Lukas 20,37) ....

2. Wie viele Monate lang haben Moses Eltern ihn versteckt? ....

3. Wie hat Mose in Hebräer 11,24 sich geweigert genannt zu werden? ....

4. Durch den Glauben verließ Mose ____, ohne Angst vor dem Zorn des Königs zu haben. ....

5. Was war Mose in Jahs Augen? (Apostelgeschichte 7,20) ....

6. Was hat Mose gelernt, als er im Palast des Pharaos aufwuchs? ....

7. Wie alt war Mose, als er aus dem Land Ägypten floh? ....

8. Wo erschien der Engel Gottes Mose? ....

9. Was hat der Engel zu Mose gesagt? (Apostelgeschichte 7,32) ....

10. In welches Land hat Jah Mose gesandt? (Apostelgeschichte 7,34) ....

SCHEMOT

Lies 2. Mose 1,1-6. Finde und umkreise jedes der Wörter auf der untenstehenden Liste.

```
A M F W R K U I W B M S S C D D H G R S
I X O J O X Q L Y S N O A L Z M O G G K
L X Q S Z O H I S V I B V Z K G L V C L
G N S W E K U L W P T W X X P O D Q I A
G Q T F Z E E Q W T R A M E S M Y L S V
I A R P H I H A M G M V P P G M U U R E
X Y O C G Z E S A F H K S R R N R N A N
I Y H I B T W G K R S B T K J Z C C E X
N L C V W V L P E A O Q M E D X A S L P
U P V F N S Q I P L B N T D O J E Q I C
V A W A E Z D X I P S P G I M E G P T Z
K D V S Z M I D I A N T Z E U T Y W E U
S Y J Z I X O X V D H N E O Z H P T N R
D I V A V N R K I U F P Y I B R T W V P
I F E E H B A V S D H Q F G N O E Q R H
D N A G N W P I W L N I L S P I N S K A
I B R E N N E N D E R B U S C H N T W R
L E V I K Y M H A I N M K B T P T W N A
H J C N M L X X Q E A T F V N C E H O
Z I P P O R A H V Y A J M L V M G O J U
```

ZIPPORA	ZIEGELSTEIN	ISRAELITEN	STROH
NIL	PHARAO	MIDIAN	JETHRO
AEGYPTEN	BRENNENDER BUSCH	LEVI	MOSE
SKLAVEN	JAHWEH	SINAI	AARON

Schemot

Zeichne deine Lieblingsszene aus diesem Thora-Teil. Benutze deine Phantasie!

Dieser Teil der Thora lehrt mich...

Erstelle eine Karte, um Mose zu helfen, seinen Weg nach Midian zu finden.

Stell dir vor, du bist ein israelitischer Sklave. Beschreibe, wie du einen Strohziegelstein herstellen würdest.

DIE ISRAELITEN SIND SKLAVEN

Öffne deine Bibel und lies 2. Mose 1,1-22.
Beantworte die Fragen. Male das Bild aus.

1. Warum hat sich der Pharao wegen der Israeliten Sorgen gemacht? (Vers 10)

....
....
....
....

2. Was ließen die Ägypter die Israeliten tun? (Vers 11)

....
....
....
....

3. Welche Anweisungen hat der Pharao den Hebammen gegeben? (Vers 16)

....
....
....
....

⭐ SCHEMOT ⭐

"Und dies sind die Namen der Söhne Israels, die nach Ägypten gekommen waren; sie kamen mit Jakob, jeder mit seinem Haus: Ruben, Simeon, Levi und Juda; Issaschar, Sebulon und Benjamin; Dan und Naphtali, Gad und Asser."

2. Mose 1,1-4

Zeichne das hebräische Wort hier nach:	Schreibe das hebräische Wort hier:
שמות	

www.biblepathwayadventures.com
Schemot / 2. Mose Übungsbuch

© BPA Publishing Ltd 2020

WIR BESPRECHEN: SCHEMOT

Öffne deine Bibel und lies die folgenden Bibelverse.
Diskutiere diese Fragen mit deiner Familie, deinen Freunden und Klassenkameraden.

1. Lies 2. Mose 2,1-4,17 und Apostelgeschichte 7,23. Warum musste Mose wohl 40 Jahre in der Wüste verbringen, um sich um die Schafe zu kümmern? Welche Lektionen musste Jah Mose lehren?

2. Lies 2. Mose 3,1-12 und Galater 4,25. Jah sagte Mose, er solle zum Berg Sinai im Land Midian zurückkehren, um ihm zu dienen. Mache eine Recherche. Wo war das Land Midian? In welchem Land der heutigen Zeit findet man den Sinai?

3. Lies 2. Mose 1,1-2,25. Eine Metapher ist ein Wort oder eine Phrase, die etwas anderes bedeutet uns aber ein Geschehen oder ein Prinzip verbildlicht oder leichter verstehen lässt. Das Verstehen von Metaphern hilft uns, die Bibel zu verstehen. Was denkst du, wofür Ägypten, Pharao und Mose Metaphern sind?

4. Lies 2. Mose 6,1. Jah verspricht, die Israeliten aus der Sklaverei in Ägypten zu befreien. Glaubst du, dass Jah immer seine Versprechen hält? Wo sonst in der Schrift finden wir Beispiele dafür, wo Er ein Versprechen gibt und es einhält? Wie sieht es mit deinem Leben aus?

5. Lies Hebräer 11,23-27. Durch den Glauben traf Mose einige wichtige Entscheidungen. Und du? Hast du irgendwelche Entscheidungen durch den Glauben an deinen Schöpfer getroffen?

WA'ERA THORA LEKTÜRE

Lies 2. Mose 6,2-9,35.
Beantworte die folgenden Fragen.

1. Mit wem hat Jah seinen Bund geschlossen? ....

2. Was hat Jah versprochen, für die Israeliten zu tun? ....

3. Wer ist der Erstgeborene Israels? ....

4. Was geschah, als Aaron seinen Stab vor dem Pharao niederwarf? ....

5. Was war die erste Plage? ....

6. Welche Plage konnten die ägyptischen Magier nicht kopieren? ....

7. Was war die vierte Plage? ....

8. Wessen Vieh ist an der fünften Plage gestorben? ....

9. Was war die siebte Plage? ....

10. In welchem Teil des Landes Ägypten sind keine Hagelkörner gefallen? ....

WA'ERA PROPHETEN LEKTÜRE

Lies Hesekiel 28,25-29,21.
Beantworte die folgenden Fragen.

1. Von wo wird Jah das Haus Israel wieder versammeln? ....

2. An wem wird Jah das Urteil vollstrecken? ....

3. Gegen wen richtete sich die Weissagung? ....

4. Mit welchem Tier vergleicht Jah den Pharao? ....

5. Welcher Fluss fließt durch das Land Ägypten? ....

6. Wie viele Jahre lang werden Ägyptens Städte verwüstet sein? ....

7. Wo wird Jah die Ägypter verstreuen? ....

8. Was wird mit den Ägyptern nach vierzig Jahren geschehen? ....

9. An welchem Datum erhielt Hesekiel ein weiteres Wort von Jah über Ägypten? ....

10. Welchem König wird Jah das Land Ägypten geben? ....

WA'ERA APOSTEL LEKTÜRE

Lies Römer 9,14-17, Apostelgeschichte 7,7 und 17-35 und 1 Korinther 3,11-15.
Beantworte die folgenden Fragen.

1. Was hat Jah zu Mose gesagt? (Römer 9,15) ....

2. Warum hat Jah den Pharao erweckt? ....

3. Was geschah mit den Israeliten, als die Zeit der Verheißung näher rückte? (Apostelgeschichte 7,17) ....

4. Wer war schön in Jahs Augen? ....

5. Wer hat Mose als ihren eigenen Sohn adoptiert? ....

6. In welches Land ist Mose geflohen? ....

7. Nach wie vielen Jahren ist Mose ein Engel erschienen? ....

8. Warum bat Jah Mose, seine Schuhe auszuziehen? ....

9. In welches Land hat Jah Mose geschickt? ....

10. Wer ist unser Grund? (1. Korinther 3,11) ....

WA'ERA

Lies 2. Mose 6,2-9,35. Finde und umkreise jedes der Wörter auf der untenstehenden Liste.

```
G S Q P U W V C W T S N N R P M B Y M F
L G M D L I J Q G X F S G X A M E D Z R
V O V A U A B U N O J G G U E V U S V O
J T M D G Q G F M B S N K U G R L Q M E
T P F W J I W E K X F E S S Y F E P P S
M N U H Z T E U N Q L P N W P O N E R C
W M T P I E T R H V I B P G T T L F W H
F P F S I E S H Y V E D Z V E K E N N E
A X Y T C L V E U W G D Z C N P V P I J
U V V Z Q H N W W M E K C Y D P O H L Q
E W O H W W L Z E D N J C K M R O R B R
Z A Y E H P A A S W F M I M W F U E J W
P F A S H N A X N O J D O F B P W R V S
W C S R T A G B G G O O L B J N W B H S
K Q I H O Y G L T H E N C X B V I E H U
W C Z X A N M E F U W N B V L W S B G H
D M U E C K E N L D N E E W U F S O T H
V H I V B V P L B R E R O S T F M A C H
B T S R I L P R D N V J C S T K L O N B
A V A P H A R A O R L Z K D E M G A U P
```

HAGEL	AEGYPTEN	GOSEN	VIEH
MAGIER	BLUT	PHARAO	FLIEGEN
SCHLANGE	PLAGEN	BEULEN	DONNER
MUECKEN	NIL	AARON	FROESCHE

Wa'era

Zeichne ein Bild, um die schwere Hagelplage darzustellen.

Stelle dir vor, du bist ein ägyptischer Magier. Was würdest du dem Pharao sagen, wenn du nicht in der Lage wärst, die Mückenplage nachzuahmen?

Dieser Teil der Thora lehrt mich…

Entwerfe für Aaron einen Stab, der sich in eine Schlange verwandelt. Benutze deine Phantasie!

FROSCHPLAGE

Öffne deine Bibel und lies 2. Mose 8,1-15.
Beantworte die Fragen. Male das Bild aus.

1. Was geschah, als Aaron seine Hand über die Gewässer Ägyptens ausstreckte? (Vers 6)

....
....
....
....

2. Wer hat diese Plage kopiert? (Vers 7)

....
....
....
....

3. Was tat der Pharao, als er sah, dass die Frösche alle gestorben waren? (Vers 15)

....
....
....
....

✭ WA'ERA ✭

"Und Jah redete mit Mose und sprach zu ihm: Ich bin der Herr; ich bin Abraham, Isaak und Jakob erschienen als "Jah, der Allmächtige"; aber mit meinem Namen "HERR" habe ich mich ihnen nicht geoffenbart. Auch habe ich meinen Bund mit ihnen aufgerichtet, daß ich ihnen das Land Kanaan geben will..."

2. Mose 6,2-4

Zeichne das hebräische Wort hier nach:	Schreibe das hebräische Wort hier:
וָאֵרָא	

www.biblepathwayadventures.com
Schemot / 2. Mose Übungsbuch

© BPA Publishing Ltd 2020

WIR BESPRECHEN: WA'ERA

Öffne deine Bibel und lies die folgenden Bibelverse.
Diskutiere diese Fragen mit deiner Familie, deinen Freunden und Klassenkameraden.

1. Lies 2. Mose 6,2-9,35 und Römer 9,17-18. Jah verhärtete das Herz des Pharaos nach jeder Plage. Warum glaubst du, hat Jah das getan?

2. Lies 2. Mose 6,9-13. Warum haben die Israeliten nicht auf Mose gehört? Wie hat Jah Mose und Aaron ermutigt?

3. Lies 2. Mose 6,2-9,35. Was für Ähnlichkeiten gibt es zwischen Jeschua und Mose?

4. Lies 2. Mose 6,2-7,13 und Hebräer 11,25. Wie würdest du den Charakter von Mose beschreiben?

5. Lies Hebräer 11,23-27. Warum entschied sich Mose, Jah zu gehorchen, anstatt in Ägypten zu bleiben?

6. Lies Hebräer 11,23-27. Hat sich Mose entschieden, der Welt oder Jah zu folgen? Wie ist es mit dir - wer hat den größten Einfluss in deinem Leben?

BO THORA LEKTÜRE

Lies 2. Mose 10,1-13,16.
Beantworte die folgenden Fragen.

1. Welche Art von Wind hat die Heuschrecken gebracht? ....

2. Was haben die Heuschrecken gefressen? ....

3. Was war die neunte Plage? ....

4. Warum wollte der Pharao nicht auf Mose hören? (2. Mose 11,9) ....

5. In welchem hebräischen Monat ist das Pessachfest? ....

6. Wie lange hat Jah den Israeliten aufgetragen, das Pessachfest zu ehren? ....

7. Welche Art von Brot wird während des Festes der ungesäuerten Brote gegessen? ....

8. Was war die zehnte Plage? ....

9. Was haben die Ägypter den Israeliten gegeben, als sie Ägypten verließen? ....

10. Wie viele Israeliten verließen Ägypten nach der letzten Plage? ....

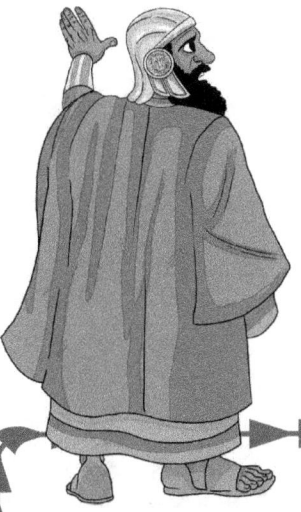

BO PROPHETEN LEKTÜRE

Lies Jeremia 46,13-28.
Beantworte die folgenden Fragen.

1. Wer war Jeremia? ....

2. Wer war der König von Babylon? ....

3. Wer war der König von Ägypten? ....

4. Wer sollte sich auf das Exil vorbereiten? ....

5. Welche Stadt wird zu einer Einöde werden? ....

6. Mit welchen Tieren werden die angeheuerten Soldaten Ägyptens verglichen? ....

7. Mit welchem Tier wird Ägypten verglichen? ....

8. Wer wird die Ägypter besiegen? ....

9. Wen wird Jah aus dem Land ihrer Gefangenschaft retten? ....

10. "Fürchte dich nicht, _____ mein Knecht, spricht Jah, denn ich bin mit dir." (Jeremia 46,28) ....

BO APOSTEL LEKTÜRE

Lies Johannes 19,1-37, Apostelgeschichte 13,16-17 und 2 Korinther 6,14-7,1.
Beantworte die folgenden Fragen.

1. Wer hat Jeschua zum Tod durch Kreuzigung verurteilt? ....
2. Wo wurde Jeschua gekreuzigt? ....
3. Welche drei Frauen standen am Fuße von Jeschuas Kreuz? ....
4. Was stand auf dem Schild über Jeschuas Kopf geschrieben? ....
5. Was haben die Soldaten mit Jeschuas Kleidern gemacht? ....
6. An welchem Tag wurde Jeschua gekreuzigt? ....
7. Welche Art von Zweig benutzten die Soldaten, um Jeschua Essig zu geben? ....
8. Womit hat ein Soldat Jeschua durchbohrt? ....
9. Wer hat die Israeliten aus Ägypten herausgeführt? (Apostelgeschichte 13,17) ....
10. "Denn ihr seid ein ____ des lebendigen Gottes." (2 Korinther 6,16) ....

BO

Lies 2. Mose 10,1-13,16. Finde und umkreise jedes der Wörter auf der untenstehenden Liste.

```
V P C F X D Y M F I N S T E R N I S B H
P Y S K R D A E P R P U K L K Y W F Q N
G E O U N G E S A E U E R T P W X V H D
Y W S S C H M U C K R I K A U B Z G E T
E I W S G J J A C G G Z M W Z G T P U B
R N Z P A W L A M Z H X P R T K P L S I
S D V X I C Q X S F T D Z H S K M V C T
T U S L X E H N K G F I P Y C O G G H T
G I G M T I K F M F Y J K B L Y B Z R E
E O R O Z H Z U E L N A E O Y L D C E R
B W Z U S X V T S S Q E A S U I Q V C E
O T W D Q E S F K T T G G Y C W F P K K
R W Y Q M O N K L M Y Y U C V H N O E R
E G B K C N W M D S G P G B C H U Y N A
N C C D L O E D E D N T I L P C P A I E
E A Y J N E K J M N F E V E P E F B K U
H K W I X V A A S P G N E C B L U T P T
E D Y R Z U J K A P L E F L U I W T R E
H S K W T L Q Y B K V D S T J L A M M R
O B E R S C H W E L L E X W I Y S O P F
```

ERSTGEBORENE	BLUT	OBERSCHWELLE	UNGESAEUERT
PESSACHFEST	AEGYPTEN	LAMM	BITTERE KRAEUTER
WIND	HEUSCHRECKEN	MENGE	YSOP
GOSEN	FINSTERNIS	SCHMUCK	JESCHUA

Bo

Zeichne ein Bild, um die Geschichte von Jeschuas Kreuzigung zu erzählen.

Was isst du zum Pessachmahl? Male ein Bild von deinem eigenen Pessachfest.

Dieser Teil der Thora lehrt mich...

Stell dir vor, du bist ein Ägypter. Was würdest du den Israeliten sagen, als sie Ägypten verlassen haben?

VORBEREITUNG AUF DAS PESSACHFEST

BO

"Da sprach der Herr zu Mose: Geh zum Pharao, denn ich habe sein Herz und das Herz seiner Knechte verstockt, damit ich diese meine Zeichen unter ihnen tue."

2. Mose 10,1

Bo

„Komm"

בֹא

Zeichne das hebräische Wort hier nach:	Schreibe das hebräische Wort hier:
בֹא	
בֹא	

WIR BESPRECHEN: BO

Öffne deine Bibel und lies die folgenden Bibelverse.
Diskutiere diese Fragen mit deiner Familie, deinen Freunden und Klassenkameraden.

1. Lies 2. Mose 10,1-11,10 und Römer 9,17. Warum, glaubst du, hat Jah das Herz des Pharaos verhärtet?

2. Lies 2. Mose 12,1-28. Wie haben die Israeliten das erste Pessachfest in Ägypten gefeiert?

3. Lies 2. Mose 12,17. Jah bat Sein Volk, das Pessachmahl und das Fest der ungesäuerten Brote für immer zu halten. Wie feierst du dieses Frühlingsfest?

4. Lies 2. Mose 12,1-13,16 und 3. Mose 23. Die Frühlingsfeste wurden von Jeschua vor 2000 Jahren erfüllt. Welches ist dein Lieblingsfest? Wieso?

5. Lies 2. Mose 12,1-13,16 und Johannes 19,1-37. Wie deuten das Pessachfest und das Fest der ungesäuerten Brote auf Jeschua hin?

BESCHALACH THORA LEKTÜRE

Lies 2. Mose 13,17-17,16.
Beantworte die folgenden Fragen.

1. Nachdem sie Gosen verlassen haben, sind die Israeliten zu welchem Meer gezogen? ....

2. Wessen Gebeine haben die Israeliten mitgenommen? ....

3. Wie hat Jah die Israeliten durch die Wüste geführt? ....

4. Welches Heer jagte den Israeliten nach? ....

5. Wie hat Jah die Gewässer des Roten Meeres geteilt? ....

6. Wie hat Jah die Ägypter davon abgehalten, den Israeliten zu folgen? ....

7. In welche Wüste sind die Israeliten nach der Durchquerung des Meeres gezogen? ....

8. Wie hat Jah die Israeliten ernährt? ....

9. Wie hat Jah den Israeliten in Rephidim Wasser gegeben? ....

10. Wer hat die Israeliten in den Kampf gegen die Amalekiter geführt? ....

BESCHALACH PROPHETEN LEKTÜRE

Lies Richter 4,4-5,31.
Beantworte die folgenden Fragen.

1. Wer war Deboras Ehemann? ....

2. Was waren Deboras zwei Rollen? ....

3. Wo saß Debora, um ein Urteil zu fällen? ....

4. Wen hat Deborah beauftragt, die Israeliten im Kampf gegen die Kanaaniter zu führen? ....

5. Wer war der König von Kanaan? ....

6. Was hat Barak zu Deborah in Richter 4,8 gesagt? ....

7. Wie viele Männer zogen in die Schlacht gegen die Kanaaniter? ....

8. An welchem Ort griff Barak die Kanaaniter an? ....

9. In wessen Zelt hat sich Sisera versteckt? ....

10. Wie lange hatte das Land in Richter 5,31 Ruhe? ....

BESCHALACH APOSTEL LEKTÜRE

Lies Römer 9,15-23, 1 Korinther 10,1-13 und Offenbarung 15,1-4.
Beantworte die folgenden Fragen.

1. Was hat Jah zu Mose gesagt? (Römer 9,15) ....

2. Warum hat Jah den Pharao aufstehen lassen? (Römer 9,17) ....

3. Wer war der geistliche Fels, der den Israeliten in 1. Korinther 10,4 folgte? ....

4. Was geschah mit den Israeliten, mit denen Jah nicht zufrieden war? ....

5. "Werdet auch nicht ____, so wie etliche von ihnen..." (1. Korinther 10,7) ....

6. Wie viele Israeliten starben an einem einzigen Tag in der Wüste? (1. Korinther 10,8) ....

7. Wen müssen wir nicht testen? ....

8. Jah aber ist ____. (1 Korinther 10,13) ....

9. Wie viele Engel und Plagen wird es im Himmel geben? ....

10. Welche Art von Meer wird in Offenbarung 15,2 erwähnt? ....

BESCHALACH

Lies 2. Mose 13,17-17,16. Finde und umkreise jedes der Wörter auf der untenstehenden Liste.

```
R O T Q E L F C R F Y K C O W Y U F Z Ä
O P L I Q J R T L V L A J I J W J E B G
T A Z A P F O W Q Z S M A E S U L U C Y
E N T N S J P S C F I A M N I V I E R P
S C T D P C Y K U W M L J H Y S V R F T
M O O J O P F C L A N E W G L U R Q R E
E O W Y W G K U X S C K W R V W S W O R
E U M I P Z P I Q S N I O R U A X C P N
R A G Q Q I O F I E S T I S A C K H I T
X A Q Z Y M X M E R K E H T X H H O A R
A Q U E M I E B G R X R W O L T H F Y E
O U A H N O P P R Q D M F E O E Z C D P
H Q L Q T Z U N O B Z E W P L L T D R H
Q J I V P D L T A S N L J I R A D W X I
X C J E S C H U A B D X J W N G B Y L D
I S X Y F R P H C E C W R O G D K L C I
A Z K O R K J Y Z D B O C L S Ä U L E M
Y T C R D B E N G E L I S K S K G P M K
S A B B A T I W I R M I R E A U B B C W
H Z K U F Y V G L B L M A N N A J G I C
```

JOSUA	SAEULE	REPHIDIM	AEGYPTER
ROTES MEER	MANNA	SABBAT	WOLKE
WIND	AMALEKITER	PFERDE	ENGEL
JESCHUA	FEUER	WACHTEL	WASSER

Beschalach

Zeichne ein Bild, um die Schlacht bei Rephidim darzustellen.

Entwerfe einen Streitwagen für den Pharao. Benutze deine Phantasie!

Dieser Teil der Thora lehrt mich…

Stell dir vor, du wärst ein Israelit. Beschreibe, wie es war, das Rote Meer zu durchqueren.

ESSEN IN DER WÜSTE

BESCHALACH

"Und es geschah, als der Pharao das Volk ziehen ließ, da führte sie Jah nicht auf die Straße durch das Land der Philister, obwohl sie die nächste war; denn Jah sprach: Es könnte das Volk reuen, wenn es Kämpfe vor sich sehen würde, und es könnte wieder nach Ägypten umkehren..."

2. Mose 13,17

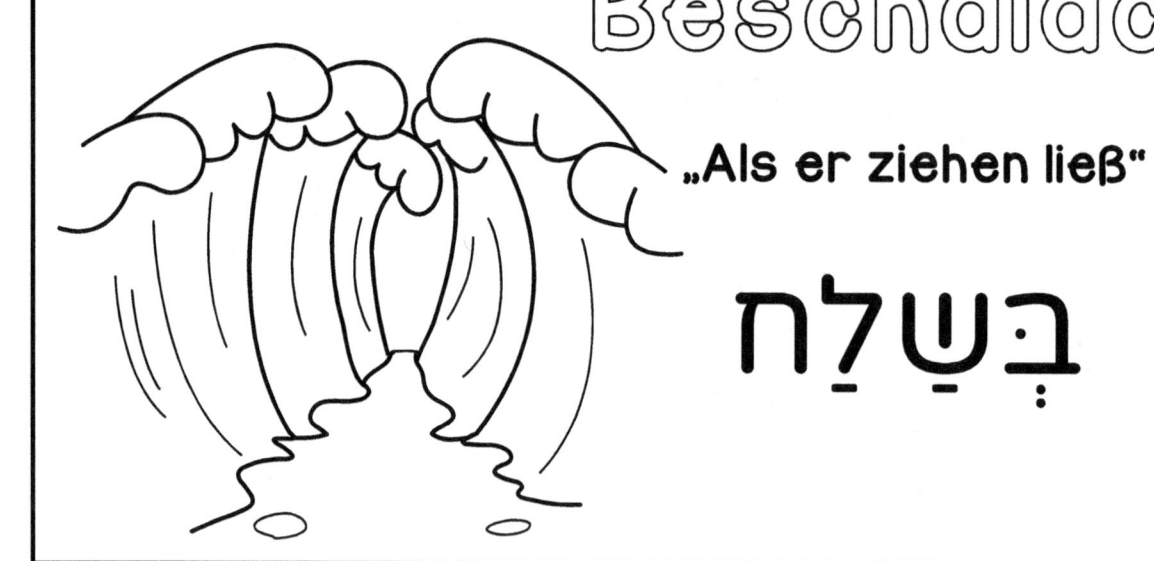

Zeichne das hebräische Wort hier nach:

Schreibe das hebräische Wort hier:

www.biblepathwayadventures.com
Schemot / 2. Mose Übungsbuch

© BPA Publishing Ltd 2020

WIR BESPRECHEN: BESCHALACH

Öffne deine Bibel und lies die folgenden Bibelverse.
Diskutiere diese Fragen mit deiner Familie, deinen Freunden und Klassenkameraden.

1. Lies 2. Mose 13,17-22. Die Israeliten verließen Ägypten am ersten Tag des Festes der ungesäuerten Brote. Wer hat sie angeführt? Wo hat Er sie hingeführt?

2. Lies 2. Mose 14,1-9. Was hat der Pharao beschlossen? Wie ging Mose mit den verängstigten Israeliten um?

3. Lies 2. Mose 15,1-19. Wie haben die Israeliten die Überquerung des Roten Meeres gefeiert?

4. Lies 2. Mose 12,8-15. Als die Israeliten Ägypten verlassen hatten, mussten sie "das Ägypten in ihnen loswerden". Jah wies die Israeliten an, den Sauerteig während des Fests der ungesäuerten Brote aus ihren Häusern fernzuhalten. Was symbolisiert das auf unserem Weg mit Jeschua?

5. Lies 2. Mose 16. Den Israeliten wurde gesagt, sie sollten am Sabbat ruhen und kein Manna sammeln. Wie ehrst du den Sabbat?

6. In diesem Thora-Teil gingen die Israeliten vom Lobpreis Jahs zur Schwarzseherei und zur Klage über. Wie ist das im Vergleich zu deinem Weg mit Jeschua, wenn du vor Gericht stehst?

JITRO THORA LEKTÜRE

Lies 2. Mose 18,1-20,26.
Beantworte die folgenden Fragen.

1. Welche Beziehung hatte Jethro zu Mose? ....

2. Wer waren die beiden Söhne von Mose? ....

3. Was tat Mose, nachdem er auf Jethros Rat hörte? ....

4. In welchem Monat kamen die Israeliten zum Berg Sinai? ....

5. Was hat Jah am Morgen des dritten Tages getan? ....

6. Wie antwortete Jah in 2. Mose 19,19 auf Mose? ....

7. Auf welchem Berg wurden den Israeliten die Zehn Gebote gegeben? ....

8. Welcher Tag ist für Jah heilig und besonders? ....

9. Was wird geschehen, wenn du deine Mutter und deinen Vater ehrst? ....

10. Welche Art von Altar hat Jah den Leuten gesagt, sollen sie bauen? ....

JITRO PROPHETEN LEKTÜRE

Lies Jesaja 6,1-7,6 und 9,6-7.
Beantworte die folgenden Fragen.

1. Wer starb in dem Jahr, in dem Jesaja Jah auf einem Thron sitzen sah? ....

2. Welches Kleidungsstück füllte den Tempel? ....

3. Wie viele Flügel hatte jeder Seraphim? ....

4. Was hatte einer der Seraphim in seiner Hand? ....

5. Wer konnte Jerusalem nicht angreifen? ....

6. Wer war mit Ephraim im Bunde? ....

7. Warum zitterte das Herz von Ahas und seinem Volk vor Angst? ....

8. Wen hat Jah beauftragt, sich mit Ahas zu treffen? ....

9. Wer hatte sich das Böse gegen Juda ausgedacht? ....

10. Und man nennt seinen Namen: Wunderbarer, Ratgeber, starker Gott,

    Ewig-Vater, _____. (Jesaja 9,6) ....

JITRO APOSTEL LEKTÜRE

Lies Matthäus 19,16-30, 1 Timotheus 3,1-13
und Jakobus 2,8-13.
Beantworte die folgenden Fragen.

1. Welche Frage stellte der Mann Jeschua in Matthäus 19,16? ....

2. Wie antwortete Jeschua dem Mann in Matthäus 19,17? ....

3. Was hat Jeschua dem Mann in Matthäus 19,21 noch gesagt? ....

4. Warum ist der Mann voller Trauer weggegangen? ....

5. Wer wird über die zwölf Stämme Israels richten? ....

6. Warum dürfen neue Gläubige keine Leiter werden? ....

7. Welche Art von Charakter müssen die Ehefrauen von Leitern haben? ....

8. Wie erfüllen wir die Tora? ....

9. Wie sollen wir sprechen und handeln? (Jakobus 2,12) ....

10. Was triumphiert über das Gericht? (Jakobus 2,13) ....

JITRO

Lies 2. Mose 18,1-20,26. Finde und umkreise jedes der Wörter auf der untenstehenden Liste.

```
X I P C A I A U K H D Z M T Z M L P V
G K X F W Z D N C E T T O L L J X B W D
F O Q P D B H X F L Q N S P N P I A U R
P E V V J U W C E U B T E J C G Z W U D
V N S K X X G R Y X E A G O J B C P B B
G I C K P C S R I M I H M B E J D O E E
E G H H N T X Y O C E B R A T Z O V R O
B R O I S R A E L H H P G E H O N U G S
O E F X C Y F O F O R T S V R Y N K S T
T I A E G T V W O Z R I E K O X E T I W
E C R W K Q M P K O M Q B R K T R U N E
K H I P P Q D M X H R V O C P K H L A U
V U O A F R M U L F H Y X L N N Q O I I
K Y I M P S H B I M Q F Z E K Q C P G E
U R H M J A H W E H M A D D F A H L A B
P J E Q B V B F R F G W L M K T L Z K L
O P F E R A S G O Q I X A M R C Z J V I
K G Q Y V P H K L E I D U N G M Q R V T
Y G X Z A L T A R T Z H U T X F G N O Z
F E C V J B E D N B M I D I A N S Z U S
```

RICHTER	KLEIDUNG	ANFUEHRER	OPFER
DONNER	ALTAR	JAHWEH	ISRAEL
KOENIGREICH	BLITZ	MIDIAN	SCHOFAR
BERG SINAI	GEBOTE	JETHRO	MOSE

Jitro

Zeichne das Lager der Israeliten am Berg Sinai.

Wie würdest du Jethro beschreiben?

Dieser Teil der Thora lehrt mich...

Stelle dir vor, du wärst auf dem Berg Sinai. Schreibe einen Tagebucheintrag für den Tag, an dem Jah Israel Seine Gebote gab.

DIE ZEHN GEBOTE

JITRO

"Und als Jethro, der Priester von Midian, Moses Schwiegervater, alles hörte, was Gott an Mose und an seinem Volk Israel getan hatte, wie der Herr Israel aus Ägypten geführt hatte."

2. Mose 18,1

Jitro

„Jethro"

יִתְרוֹ

Zeichne das hebräische Wort hier nach:

Schreibe das hebräische Wort hier:

WIR BESPRECHEN: JITRO

Öffne deine Bibel und lies die folgenden Bibelverse.
Diskutiere diese Fragen mit deiner Familie, deinen Freunden und Klassenkameraden.

1. Lies 2. Mose 19,1. Welcher festgesetzte Tag (Mo'ed) tritt im dritten Monat, 50 Tage nach dem Fest der ungesäuerten Brote, ein? Wie ehrst du dieses Fest?

2. Lies 2. Mose 18,13-27. Warum, glaubst du, hat Jethro Mose befohlen, Führer über das Volk Israel zu ernennen?

3. Lies 2. Mose 18,13-27, 1 Petrus 5,3 und Markus 10,35-42. Wie sollen sich Leiter laut Jeschua verhalten? Siehst du Beispiele dafür in deiner Familie oder Gemeinde? Sprecht über die Rolle eines Leiters.

4. Lies 2. Mose 20 und 5. Mose 5,2-5. Kannst du die zehn Gebote nennen? Wer hat diese Worte gesprochen?

5. Lies 2. Mose 20. Wie unterscheiden sich die ersten fünf Gebote von den letzten fünf Geboten?

6. Lies 2. Mose 20,8. Ehrst du den Sabbat? Wenn ja, was tust du?

MISCHPATIM THORA LEKTÜRE

Lies 2. Mose 21,1-24,18.
Beantworte die folgenden Fragen.

1. Wie viele Jahre müssen hebräische Sklaven arbeiten? ....

2. Was ist die Strafe für Mord in 2. Mose 21,12? ....

3. Wie viel muss eine Person für den Diebstahl oder das Töten eines Ochsen oder Schafes zurückzahlen? ....

4. Was soll alle sieben Jahre mit dem Land geschehen? ....

5. Was bat Jah die Israeliten am siebten Tag zu tun? ....

6. Welche Art von Brot wird während dem Fest der ungesäuerten Brote gegessen? ....

7. An welchen drei Festen sollen die Männer vor Jah erscheinen? ....

8. Vor wem sollten sich die Israeliten in 2. Mose 23,23-24 nicht verneigen? ....

9. Was stellten die zwölf Säulen in der Nähe des Altars dar? ....

10. Wie lange war Mose auf dem Berg Sinai? ....

MISCHPATIM
PROPHETEN LEKTÜRE

Lies Jeremia 34,8-22 und 33,25-26.
Beantworte die folgenden Fragen.

1. Welcher König schloss einen Bund mit dem Volk? ....

2. Wer befreite ihre hebräischen Sklaven? ....

3. "Nach Verlauf der ____ Jahre soll jeder, seinen hebräischen Bruder, der sich dir verkauft hat, freilassen, der dir sechs Jahre gedient hat." (Jeremia 34,14) ....

4. Was war die Strafe für die Rücknahme ihrer Sklaven? ....

5. Mit wem hat Jah einen Bund geschlossen? ....

6. Aus welchem Land hat Jah die Israeliten aus der Sklaverei geführt? ....

7. Wie haben die Israeliten den Namen Jahs entweiht? ....

8. Welche Armee wird die Israeliten besiegen? ....

9. Wen wird Jah den Babyloniern übergeben? ....

10. Jah wird die Städte von welchem Stamm Israels verwüsten? ....

MISCHPATIM APOSTEL LEKTÜRE

Lies Jakobus 3,2-12, Hebräer 12,25-29
und Matthäus 5,38-42.
Beantworte die folgenden Frage

1. "Denn wir alle ____ uns vielfach…" (Jakobus 3,2)

2. "Die ____ ist ein Feuer, eine Welt der Ungerechtigkeit." (Jakobus 3,6)

3. Wer kann die Zunge zähmen?

4. Die Zunge ist voll von was? (Jakobus 3,8)

5. Was kommt aus demselben Mund laut Jakobus 3,10?

6. "Darum, weil wir ein unerschütterliches ____ empfangen, laßt uns die Gnade festhalten…" (Hebräer 12,28)

7. "…durch die wir Gott auf wohlgefällige Weise dienen können mit Scheu und ____!" (Hebräer 12,28)

8. Welche Art von Feuer ist Jah?

9. "Wenn dich jemand bittet, eine Meile zu gehen, geh mit ihm ____ Meilen." (Matthäus 5,41)

10. Wen sollten wir laut Matthäus 5,42 nicht ablehnen?

MISCHPATIM

Lies 2. Mose 21,1-24,18. Finde und umkreise jedes der Wörter auf der untenstehenden Liste

```
K S M I D E M P W S E Y D W K X A P K A
L U J W S R R U H E N P Z D A Q A S D E
U K T E V S F S F R E Z M H N M D I Z G
N K L K A T S B Q Y F R A R A U H J X Y
G O T M Z E C K L B N B O G A B U N D P
E T U U L F U U F K H W Z L N B Y W T T
S K Y I H R F Z P B R A U T I E Z G E E
A Z Z I R U M X L R E S T H T L U U E N
E M L G G E Y V A L V M A G E W S G O M
U P L P M C A N K I V V W L R L I Z C Q
E A C K A H C J I B A U I B G U K N H O
R M N A L T A R U H E B R A E E R O S C
T W U S X E U K W T D V E A V N X Y E D
E P F I W Q G I E P C Y I Y A O G G N H
B E U E C P V D P R H K O K B O E E I S
R R L B B K T B O J F X E A J F V A L S
O R M T U C N D K O K P F T W B O R R C
T P M E P D P H L B I A Z B S P R Z F K
E C R S K L A V E N B N A C H B A R S L
S C H A V U O T V N X M N M L L V R A R
```

SCHAVUOT	AEGYPTEN	BRAUT	SIEBTE
BUND	KANAANITER	SUKKOT	RUHEN
HEBRAEER	ALTAR	UNGESAEUERTE BROTE	ENGEL
SKLAVEN	ERSTE FRUECHTE	OCHSEN	NACHBAR

Mischpatim

Ich halte das Fest der ungesäuerten Brote durch…

Zeichne ein Bild, das 2. Mose 24,9-11 (Mose und 70 Älteste essen und trinken auf dem Berg Sinai) darstellt.

Dieser Teil der Thora lehrt mich…

Zeichne eine Karte, die den Berg Sinai, den Altar, die zwölf Säulen und das Lager der Israeliten zeigt.

VERHEIẞENES LAND!

Öffne deine Bibel und lies 2. Mose 23.
Beantworte die Fragen. Male das Bild aus.

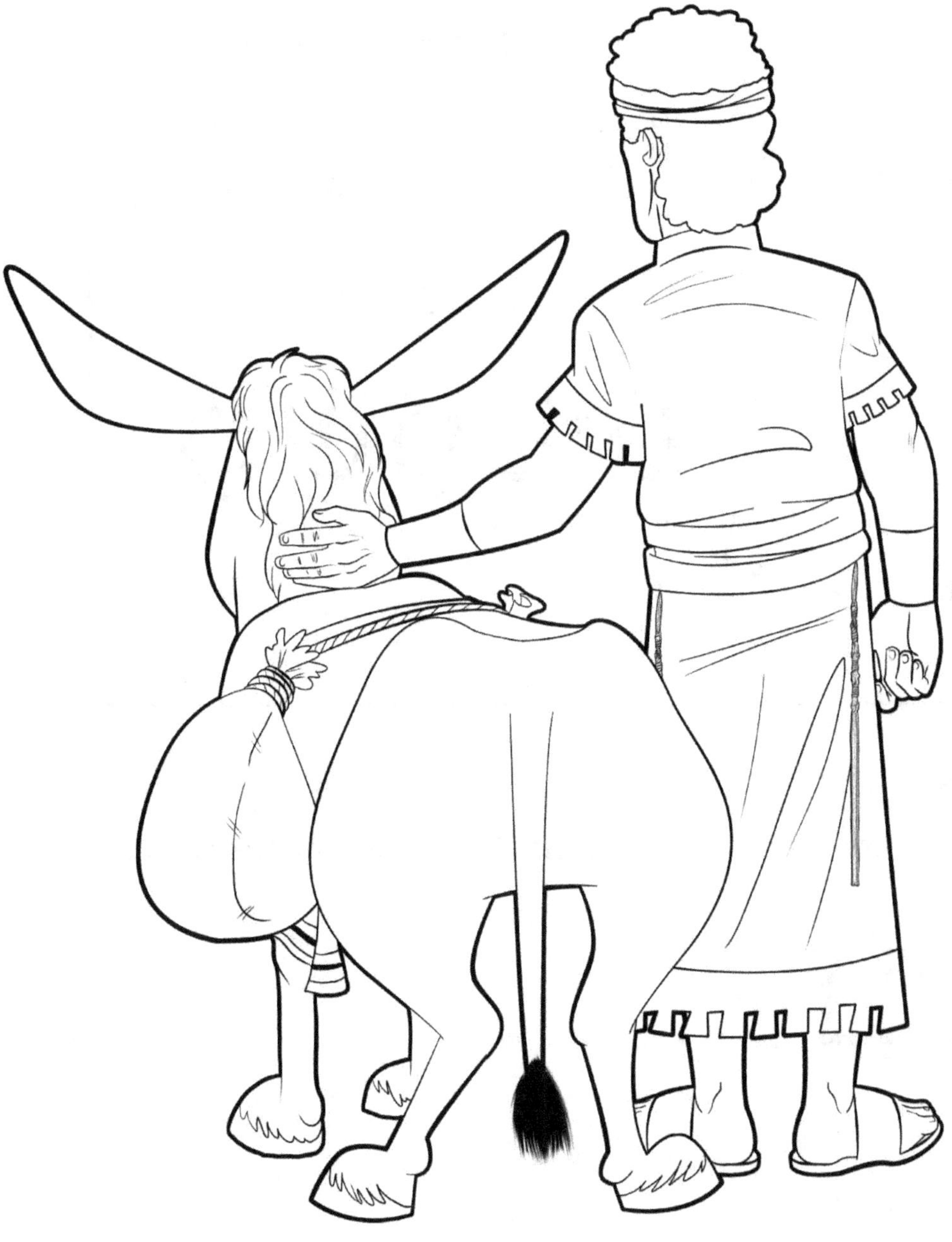

1. Wer wird die Israeliten in das verheißene Land führen?
(Vers 23)

....
....
....
....

2. Wen werden die Israeliten aus dem Land vertreiben?
(Vers 28)

....
....
....
....

3. Wo sind die Grenzen des verheißenen Landes?
(Vers 31)

....
....
....
....

✶ MISCHPATIM ✶

"Sechs Tage sollst du deine Werke verrichten, aber am siebten Tag sollst du ruhen, damit dein Rind und dein Esel ausruhen und der Sohn deiner Magd und der Fremdling sich erholen können."

2. Mose 23,12

Mischpatim

„Rechte"

מִשְׁפָּטִים

Zeichne das hebräische Wort hier nach:

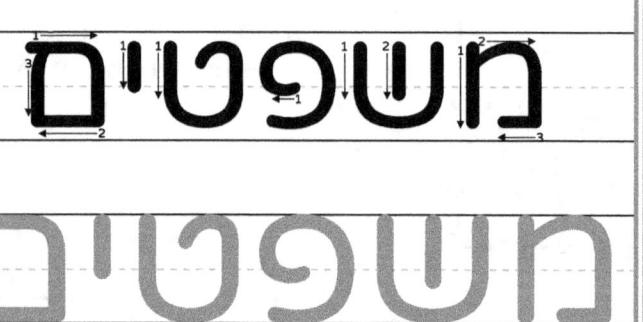

Schreibe das hebräische Wort hier:

WIR BESPRECHEN: MISCHPATIM

Öffne deine Bibel und lies die folgenden Bibelverse.
Diskutiere diese Fragen mit deiner Familie, deinen Freunden und Klassenkameraden.

1. Lies 2. Mose 21-24. Was war der Zweck der Thora?

2. Lies 2. Mose 23,1, Jakobus 3,2-12, Sprüche 6,16 und 19. Jah hasst Klatsch und Tratsch. Wie können wir uns davon abhalten, über andere zu tratschen?

3. Lies 2. Mose 23,10-12. Warum ist es wichtig, den Sabbat zu ehren? Wie ehrst du diesen besonderen Tag?

4. Lies 2. Mose 23,13. Die Thora sagt deutlich, keine falschen Götter anzubeten. Wie trifft diese Anweisung auf uns heute zu?

5. Lies 2. Mose 23,10-19. Warum ist es wichtig, Jah zu opfern? Warum opferst du Jah? Bemerkst du irgendwelche Segnungen in deinem Leben, wenn du großzügig gibst?

6. Lies 2. Mose 23,20, 1 Korinther 10,4 und Apostelgeschichte 7,37-38. Wer war der Engel, der die Israeliten in das verheißene Land führte??

TERUMA THORA LEKTÜRE

Lies 2. Mose 25,1-27,19.
Beantworte die folgenden Fragen.

1. Was hat Jah die Israeliten gebeten zu errichten? (2. Mose 25,8) ....

2. Welche Art von Holz wurde für die Herstellung der Bundeslade verwendet? ....

3. Was hat Jah gesagt, was wir in die Bundeslade legen sollen? ....

4. Welches Metall benutzten die Israeliten, um den Sühnedeckel herzustellen? ....

5. Was wurde an den beiden Enden des Sühnedeckels angebracht? ....

6. Welche Lebensmittel sollten regelmäßig auf den Tisch gestellt werden? ....

7. Wie viele Arme hat der Leuchter (Menora)? ....

8. Welche spirituellen Wesen waren auf den zehn Leinenvorhängen zu sehen? ....

9. Was wurde an den vier Ecken des Bronzealtars angebracht? ....

10. Was wurde im Inneren des Allerheiligsten aufgestellt? ....

TERUMA PROPHETEN LEKTÜRE

Lies 1 Könige 5,26-6,13.
Beantworte die folgenden Fragen.

1. In welchem Jahr seiner Herrschaft begann Salomo mit dem Bau des Tempels? ....

2. In welchem Monat begann Salomo mit dem Bau des Tempels? ....

3. Wie lange ist es her, dass die Israeliten Ägypten verlassen haben? ....

4. Wer war Salomos Vater? ....

5. Wie lang, breit und hoch war der Tempel? ....

6. Welche Art von Fensterrahmen hat Salomo verwendet? ....

7. Warum wurde der Stein im Steinbruch vorbereitet? ....

8. Auf welcher Seite des Tempels war der Eingang zum untersten Stockwerk? ....

9. Welche Art von Holz hat Salomo für die Decke verwendet? ....

10. Was hat Jah Salomo und den Israeliten versprochen, wenn sie seinen Anweisungen folgen würden? ....

TERUMA APOSTEL LEKTÜRE

Lies Hebräer 10,19-22, 13,10-12 und Matthäus 5,14-16.
Beantworte die folgenden Fragen.

1. Wie haben wir das Vertrauen, den heiligen Ort zu betreten? ....
2. Wer ist heute unser Hohepriester? ....
3. "Laßt uns hinzutreten mit wahrhaftigem Herzen, in völliger Gewißheit des _____..." (Hebräer 10,22) ....
4. Wo werden die Leichen der Tiere verbrannt? ....
5. Wo hat Jeschua gelitten? ....
6. Warum hat er an diesem Ort gelitten? ....
7. "Ihr seid das _____ der Welt." (Matthäus 5,14) ....
8. "Es kann eine Stadt, die auf einem _____ liegt, nicht verborgen bleiben." (Matthäus 5,14) ....
9. Wo stellen die Leute ihre Lampen hin? ....
10. Warum sollten wir unser Licht vor anderen leuchten lassen? ....

TERUMA

Lies 2. Mose 25,1-27,19. Finde und umkreise jedes der Wörter auf der untenstehenden Liste.

SCHAUBROT BEITRAG MENORA AKAZIE
BRONZEALTAR CHERUBIM SUEHNEDECKEL BUNDESLADE
ZIEGENHAUT GOLD VORHAENGE BUND
SAEULEN TISCH STIFTSHÜTTE GERICHT

Teruma

Zeichne ein Bild der Stiftshütte in der Wüste.

Zeichne die Bundeslade.

Dieser Teil der Thora lehrt mich...

Beschreibe, wie die Israeliten ihr Gold, Silber und Bronze in Ägypten bekamen.

BUNDESLADE

Öffne deine Bibel und lies 2. Mose 25.
Beantworte die Fragen. Male das Bild aus.

1. Welche Art von Holz wurde für den Bau der Bundeslade verwendet? (Vers 10)

....
....
....
....

2. Wie viele goldene Cherubim wurden auf die Bundeslade angebracht? (Vers 18)

....
....
....
....

3. Wo auf der Bundeslade haben die Israeliten den Sühnedeckel angebracht? (Vers 21)

....
....
....
....

✦ TERUMA ✦

"Und der Herr redete zu Mose und sprach: Sage den Kindern Israels,
daß sie mir freiwillige Gaben bringen; und von jedem, den sein Herz dazu treibt,
sollt ihr die freiwillige Gabe für mich annehmen! Das sind aber
die Gaben, die ihr von ihnen nehmen sollt: Gold, Silber, Erz…"

2. Mose 25,1-3

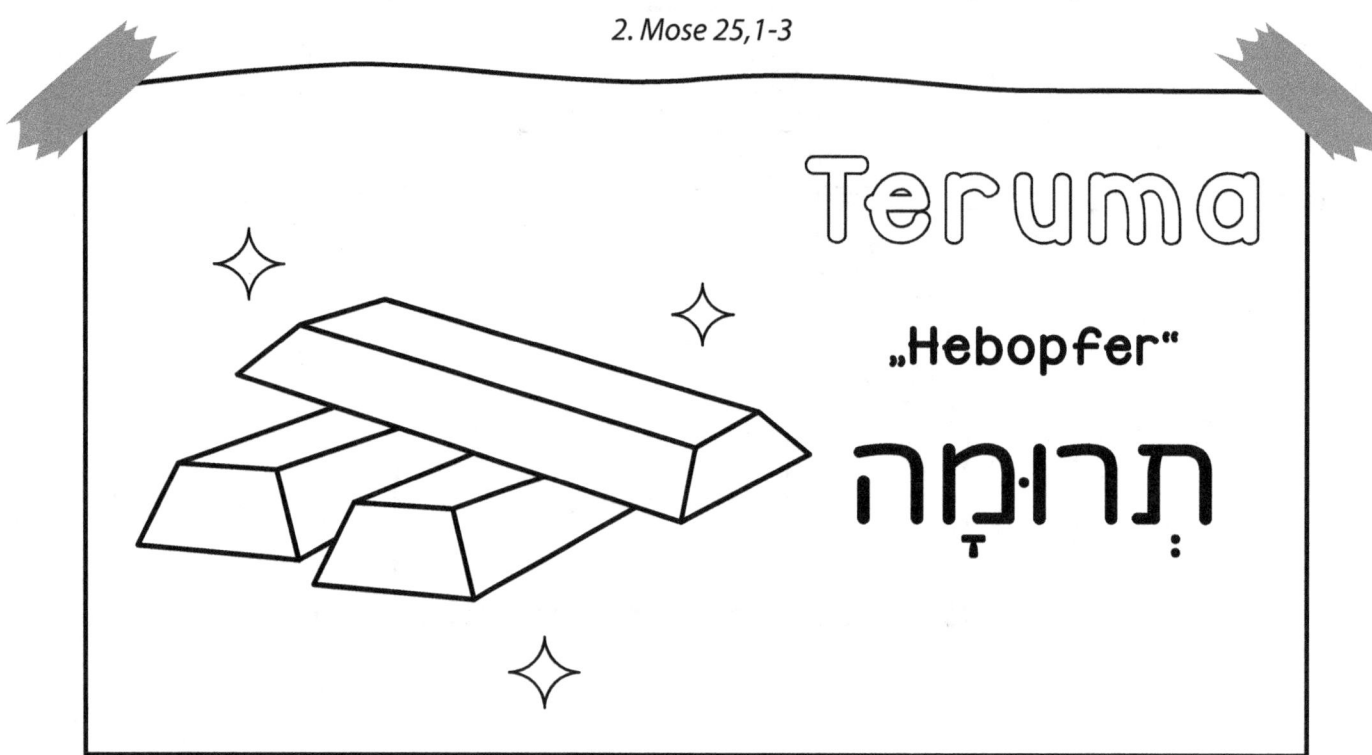

Zeichne das hebräische Wort hier nach:

Schreibe das hebräische Wort hier:

www.biblepathwayadventures.com
Schemot / 2. Mose Übungsbuch

© BPA Publishing Ltd 2020

WIR BESPRECHEN: TERUMA

Öffne deine Bibel und lies die folgenden Bibelverse.
Diskutiere diese Fragen mit deiner Familie, deinen Freunden und Klassenkameraden.

1. Lies 2. Mose 25,1-10. Warum wollte Jah, dass die Israeliten eine Stiftshütte bauen?

2. Lies 2. Mose 25,1-2 und 2 Korinther 9,7. Jah gefällt es, wenn wir bereitwillig und mit der richtigen Einstellung geben. Wie kannst du deiner Familie, deinen Freunden und Nachbarn gegenüber großzügig sein? Was sollte unsere Herzenseinstellung sein, wenn wir im Sinne von Elohim geben?

3. Lies 2. Mose 25,31-40. Recherchiere ein wenig. Was stellen die Arme des Leuchters (Menora) dar?

4. Lies 2. Mose 26,1-37. Welche Möbel wurden im Allerheiligsten aufgestellt?

5. Lies 2. Mose 26,1-37. Recherchiere die von Gott bestimmten Zeiten (Mo'edim). Zu welcher festgesetzten Zeit betrat der Hohepriester das Allerheiligste. Wie ehrst du dieses Fest?

TEZAWE THORA LEKTÜRE

Lies 2. Mose 27,20-30,10.
Beantworte die folgenden Fragen.

1. Welche Art von Öl wird für die Lampe verwendet? ....

2. Welche drei Männer hat Jah ausgewählt, um als Priester zu dienen? ....

3. Welche sechs Kleidungsstücke trug der Hohepriester? ....

4. Welche Namen wurden in die Onyxsteine eingraviert? ....

5. Wie viele Steine wurden auf den Brustschild des Hohepriesters angebracht? ....

6. Welche Farbe hatte das Gewand des Efod? ....

7. Mit welchen Tieren wurden die Priester geweiht? ....

8. Welche Art von Holz wurde für den Altar verwendet? ....

9. Was hat Jah den Israeliten befohlen, auf dem Altar zu verbrennen? ....

10. Wie oft muss Aaron an den Hörnern des Altars Sühne leisten? ....

TEZAWE PROPHETEN LEKTÜRE

Lies Hesekiel 43,10-27.
Beantworte die folgenden Fragen.

1. Was hat Jah Hesekiel aufgetragen, was er den Israeliten beschreiben soll? ....

2. Das ganze Gebiet auf dem Gipfel des ____ soll höchst heilig sein. ....

3. Wie hoch ist der Altar? ....

4. Welche Form hat die Feuerstelle des Altars? ....

5. In welche Richtung zeigen die Stufen des Altars? ....

6. Aus welcher Familie sind die levitischen Priester? ....

7. Für welche Art von Opfern wird der Altar verwendet? ....

8. Wo wird etwas von dem Blut des Stiers am Altar platziert? ....

9. Welche drei Tiere werden für Brandopfer verwendet? ....

10. "____ Tage lang sollst du täglich einen Bock als Sündopfer…" ....

TEZAWE APOSTEL LEKTÜRE

Lies Hebräer 5,1-10, 13,10-17 und Römer 12,1.
Beantworte die folgenden Fragen.

1. Wie sollten wir uns Jah gegenüber präsentieren? ....
2. Wie gehen die Hohepriester mit den Unwissenden und Unbelehrbaren um? ....
3. Welcher Hohepriester wurde von Jah berufen? ....
4. Wer hat Jeschua zu unserem Hohenpriester ernannt? ....
5. "Du bist Priester in Ewigkeit nach der Weise ____" (Hebräer 5,6) ....
6. Warum hat Jahwe Jeschuas Gebete erhört? (Hebräer 5,7) ....
7. Wie hat Jeschua Gehorsam gelernt? ....
8. Wer ist die Quelle der Rettung für diejenigen, die Ihm gehorchen? (Hebräer 5,9) ....
9. "Wohlzutun und ____ vergeßt nicht; denn solche Opfer gefallen Gott wohl!" (Hebräer 13,16) ....
10. Warum sollten wir auf unsere Leiter hören und uns ihnen unterordnen? ....

TEZAWE

Lies 2. Mose 27,20-30,10. Finde und umkreise jedes der Wörter auf der untenstehenden Liste.

NADAB
ABIHU
LAMPE
HOHERPRIESTER

GOLD
STIMME
THUMMIM
ALTAR

WEIHRAUCH
TURBAN
OLIVENÖL
ZELT

EPHOD
URIM
BRUSTSCHILD
AARON

Tezawe

Zeichne den Weihrauchaltar.

Stell dir vor, du bist ein Priester in der Stiftshütte. Beschreibe deine Arbeit.

Zeichne den Hohepriester in der Stiftshütte.

Dieser Teil der Thora lehrt mich…

TEZAWE

"Und du sollst den Kindern Israels gebieten, daß sie dir reines Öl aus zerstoßenen Oliven für den Leuchter bringen, damit beständig Licht unterhalten werden kann. In der Stiftshütte, außerhalb des Vorhangs, der vor dem Zeugnis hängt, sollen Aaron und seine Söhne es zurichten, vom Abend bis zum Morgen, vor dem Herrn...." 2. Mose 27,20-21

⭐ TEZAWE ⭐

"Und du sollst den Kindern Israels gebieten, daß sie dir reines Öl aus zerstoßenen Oliven für den Leuchter bringen, damit beständig Licht unterhalten werden kann. In der Stiftshütte, außerhalb des Vorhangs, der vor dem Zeugnis hängt, sollen Aaron und seine Söhne es zurichten, vom Abend bis zum Morgen, vor dem Herrn..."

Exodus 27:20-21

Tezawe

„Du sollst befehlen"

תְּצַוֶּה

Zeichne das hebräische Wort hier nach:

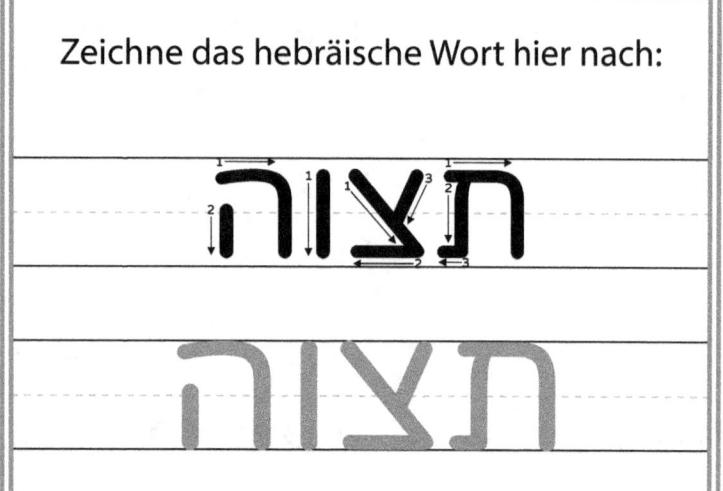

Schreibe das hebräische Wort hier:

WIR BESPRECHEN: TEZAWE

Öffne deine Bibel und lies die folgenden Bibelverse.
Diskutiere diese Fragen mit deiner Familie, deinen Freunden und Klassenkameraden.

1. Lies 2. Mose 27,20-21 und Matthäus 26,36-46. Olivenöl wurde zur Salbung und Verbrennung in der Menora verwendet. Die Oliven wurden gepresst/zerkleinert, um brennbares Öl zu erzeugen. Wie hängt dieser Prozess der Herstellung von Olivenöl mit unserem Weg mit Jeschua zusammen?

2. Lies 2. Mose 28,15 und Offenbarung 21,12-14. Der Brustschild des Hohepriesters enthielt zwölf Steine, einen für jeden Stamm Israels. Was hat das mit den zwölf Toren im neuen Jerusalem zu tun?

3. Lies 2. Mose 28. Mache eine Liste der von den Priestern getragenen Kleidungsstücke. Wann trugen sie diese besondere Kleidung?

4. Lies 2. Mose 28,29. Der Priester trug den Brustschild über seinem Herzen. Was glaubst du, wie Jeschua uns richten wird, wenn wir vor Ihm stehen?

5. Lies 2. Mose 29,1-4 und Offenbarung 19,18. In welchem Zustand erwartet Jeschua Seine Braut, wenn Er zurückkehrt? Was lehrt uns der Vergleich dieser beiden Bibelstellen?

KI TISSA THORA LEKTÜRE

Lies 2. Mose 30,11-34,35.
Beantworte die folgenden Fragen.

1. Wie viele Schekel sollten sie Jah als Opfergabe geben? ....

2. Aus welchem Metall wurde das Becken hergestellt? ....

3. Welche zwei Männer wurden ausgewählt, um die Einrichtung der Stiftshütte herzustellen? ....

4. Welche festgesetzte Zeit ist ein Zeichen zwischen Jah und Seinem Volk? ....

5. Welches Tier hat Aaron aus Gold gemacht? ....

6. Warum hat Mose die Steintafeln auf den Boden geworfen? ....

7. Wie hat Mose das goldene Kalb vernichtet? ....

8. Wie bestrafte Mose die Israeliten, weil sie ein goldenes Kalb angebetet hatten? ....

9. Bei welchen drei Mo'edim sollen die israelitischen Männer jedes Jahr vor Jah erscheinen? ....

10. Welchen Berg hat Mose mit den beiden Steintafeln bestiegen? ....

KI TISSA PROPHETEN LEKTÜRE

Lies 1 Könige 18,1-39.
Beantworte die folgenden Fragen.

1. Welche Anweisungen hat Jah Elia gegeben? ....

2. Wo war die Hungersnot am größten? ....

3. Wer hat die Propheten des Herrn ausgerottet? ....

4. Wie viele Propheten hat Obadja in Höhlen versteckt? ....

5. Womit ernährte Obadja die Propheten? ....

6. Wie viele falsche Propheten hat Elia herbeigerufen? ....

7. Auf welchem Berg ist Elia den Propheten begegnet? ....

8. Warum wählte Elia zwölf Steine aus, um einen Altar zu bauen? ....

9. Wie viele Krüge wurden benutzt, um Wasser auf das Opfer und das Holz zu gießen? ....

10. Was taten die Leute, als sie das Feuer von Jah sahen? ....

KI TISSA APOSTEL LEKTÜRE

Lies 1 Korinther 12,1-31, Apostelgeschichte 7,39-42
und Hebräer 3,1-6.
Beantworte die folgenden Fragen.

1. Wer ist unser Hohepriester? (Hebräer 3,1) ....

2. Wer wurde für würdiger gehalten als Mose? (Hebräer 3,3) ....

3. "Auch Mose ist treu gewesen als ____ in seinem ganzen Haus…" (Hebräer 3,5) ....

4. Wer ist der Erbauer aller Dinge? (Hebräer 3,4) ....

5. Wer hat sich geweigert, Jah zu gehorchen? (Apostelgeschichte 7,39) ....

6. Welche Anweisungen haben die Israeliten Aaron gegeben? (Apostelgeschichte 7,40) ....

7. Welches Tier hat Aaron aus Gold gemacht? (Apostelgeschichte 7,41) ....

8. "Es bestehen aber Unterschiede in den Gnadengaben, doch es ist derselbe ____" (1. Korinther 12,4) ....

9. "Denn wir sind ja alle durch einen Geist in einen Leib hinein ____ worden…" (1. Korinther 12,13) ....

10. Was hat Jah für die Gemeinde Israel bestimmt? (1. Korinther 12,28) ....

KI TISSA

Lies 2. Mose 30,11-34,35. Finde und umkreise jedes der Wörter auf der untenstehenden Liste.

BEZALEL	ÄGYPTEN	GEBOTE	BRONZE
HEILIG	BERG SINAI	SABBAT	OEL
TAFELN	GOLDENES KALB	ZELT	BECKEN
OHOLIAB	WEIHRAUCH	ZÄHLUNG	BUND

Ki Tissa

Zeichne Mose und die Zehn Gebote.

Vervollständige diesen Satz: Nachdem Mose vom Berg Sinai herunterkam...

Dieser Teil der Thora lehrt mich...

Zeichne eine Reihe von Bildern, um die Geschichte des goldenen Kalbs zu erzählen.

DAS GOLDENE KALB

★ KI TISSA ★

"Und der Herr redete mit Mose und sprach: Wenn du die Zahl der Kinder Israels ermittelst, alle, die gezählt werden, so soll jeder dem Herrn ein Lösegeld für seine Seele geben, wenn man sie zählt, damit nicht eine Plage über sie kommt, wenn sie gezählt werden."

2. Mose 30,11-12

Ki Tissa

„Wenn du erhebst"

כִּי תִשָּׂא

Zeichne das hebräische Wort hier nach:	Schreibe das hebräische Wort hier:
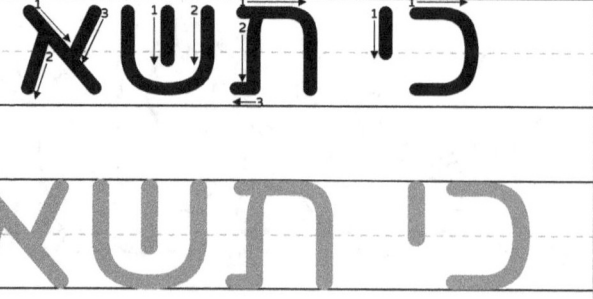	

www.biblepathwayadventures.com

Schemot / 2. Mose Übungsbuch

© BPA Publishing Ltd 2020

WIR BESPRECHEN: KI TISSA

Öffne deine Bibel und lies die folgenden Bibelverse.
Diskutiere diese Fragen mit deiner Familie, deinen Freunden und Klassenkameraden.

1. Lies 2. Mose 30,17-21. Wofür wurde das Bronzebecken (Laver) verwendet?

2. Lies 2. Mose 30,17-38. Jah verlangte von seinen Priestern, dass sie sich waschen und sich und alle Möbel in der Stiftshütte salben. Was lehrt uns das darüber, wie Jah die Dinge gerne hat?

3. Lies 2. Mose 31,1-11. Oholiab und Bezalel waren talentierte Handwerker. Welche Talente hat dir der Vater gegeben? Wie nutzt du diese Talente, um Ihm und den anderen um dich herum zu dienen?

4. Lies 2. Mose 31,12-17. Wie ehrst du den Sabbat? Was sind die Vorteile, wenn wir diesen Tag für Jahweh reservieren?

5. Lies 2. Mose 32. Warum war Jah zornig auf die Israeliten? Wie reagierte Mose auf die Drohung Jahs, sie für ihre Götzenanbetung zu vernichten?

6. Lies 2. Mose 34,10-28. Jah bat die Israeliten, Seine festgesetzten Zeiten (Mo'edims): das Fest der ungesäuerten Brote, Schavuot und Sukkot zu ehren. Wie bereitest du diese Feste vor und wie ehrst du sie?

WAJAKHEL THORA LEKTÜRE

Lies 2. Mose 35,1-38,20.
Beantworte die folgenden Fragen.

1. Was sagte Jah den Israeliten, was sie am siebten Tag tun sollten? ....

2. Warum bat Jah die Israeliten um Onyx und andere Edelsteine? ....

3. Welche Art von Handwerkern wurden für die Herstellung der Stiftshütte und die Einrichtung ausgewählt? ....

4. Oholiab war aus welchem Stamm Israels? ....

5. Wie viele Vorhänge wurden für die Stiftshütte gemacht? ....

6. Aus welchem Holz wurde die Bundeslade hergestellt? ....

7. Welches Metall bedeckte den Tisch des Schaubrots? ....

8. Wie viele Arme hat der Leuchter (Menora)? ....

9. Wo wurden die vier Hörner auf dem Altar platziert? ....

10. Aus welchem Metall wurden die Zeltbefestigungen für die Stiftshütte hergestellt? ....

WAJAKHEL PROPHETEN LEKTÜRE

Lies 1 Könige 7,13-26, 40-50.
Beantworte die folgenden Fragen.

1. Warum ließ König Salomo Hiram holen? ....

2. Hiram war aus welchem Stamm Israels? ....

3. Wie hoch waren die Säulen des Tempels? ....

4. Welche Art von Bronzefrüchten wurde auf das Gitterwerk gelegt? ....

5. Wo wurden die Säulen im Tempel aufgestellt? ....

6. Wie waren die Namen der beiden Säulen? ....

7. In welche Richtungen waren die Ochsen ausgerichtet? ....

8. Wo hat Hiram die Gefäße für den Tempel gegossen? ....

9. Warum wog Salomo die Gefäße für den Tempel nicht? ....

10. Wie viele Leuchter (Menoras) wurden im Tempel aufgestellt? ....

WAJAKHEL APOSTEL LEKTÜRE

Lies Hebräer 9,1-28, 2. Korinther 9,1-15
und Hebräer 10,26-31.
Beantworte die folgenden Fragen.

1. Welche Einrichtungsgegenstände wurden im Inneren des Heiligtums aufgestellt? ....

2. Welche Einrichtungsgegenstände wurden in das Allerheiligste getan? ....

3. Was war in der Bundeslade? ....

4. Wer ist der Mittler des erneuerten Bundes? ....

5. Was hat Mose in der Wüste über das Buch, das Volk und das Zelt der Versammlung gesprengt? ....

6. "Und so gewiß es den Menschen bestimmt ist, einmal zu sterben, danach aber das ____." (Hebräer 9,27) ....

7. Warum wird Jeschua ein zweites Mal erscheinen? (Hebräer 9,28) ....

8. Welche Art von Geber liebt Jah? ....

9. "Wer im Segen sät, der wird auch im ____ ernten." (2. Korinther 9,6) ....

10. Was passiert mit Menschen, die das Gesetz des Mose außer Kraft setzen? ....

WAJAKHEL

Lies 2. Mose 35,1-38,20. Finde und umkreise jedes der Wörter auf der untenstehenden Liste.

```
W X H P K G E M E I N D E X J O R E I I
C Z S B G R H V Y Z Y M E Z I G G P U C
S I L B E R H Q Y E T R A A D J C U Q A
L B H M C C A U R L A I A N R W U I N X
U M B L W Q N S B T O X N L D G X N J W
R W S U O M D K A B M U L C H E V G J V
O N R E N E W H F E R G A B G Y L R U O
P R I E S T E R Z F H G U P Z P I O B R
U S L R Y F R S S E P N X F W Y G S R H
J V W S J D K N F S K V X X F S L S U Ä
L P H C X M E O A T N A Y T O A Y Z S N
F F S P R E R G D I V A O G G B U U T G
E E R V A N Z C W G R K E O Z B F E S E
Y B J D U O Z Q Y U R N T N N A E G C A
J U T W N R V V N N K D T M O T X I H L
W J Y D P A C T M G A Z I L F O U G I T
J Y U D A Y H E I L I G E R O R T I L A
B R O N Z E X T S E C Y J D A H M W D R
W E I H R A U C H Q P V L E R M P V I B
J O R D X S T I F T S H U E T T E B O C
```

MANDEL
MENORA
ZELTBEFESTIGUNG
HANDWERKER
GEMEINDE
WEIHRAUCH
HEILIGER ORT
VORHÄNGE
ALTAR
SABBAT
STIFTSHUETTE
SILBER
PRIESTER
GROSSZUEGIG
BRUSTSCHILD
BRONZE

Wajakhel

Jah liebt einen großzügigen Geber. Beschreibe eine Zeit, als du großzügig gegeben hast.

Dieser Teil der Thora lehrt mich…

Zeichne den Leuchter und den Tisch, den Weihrauchaltar und das Bronzebecken.

Was ist in der Bundeslade? Lies Hebräer 9,4 und zeichne die Gegenstände.

DER LEUCHTER (MENORA)

Öffne deine Bibel und lies 2. Mose 37,17-24.
Male das Bild aus.

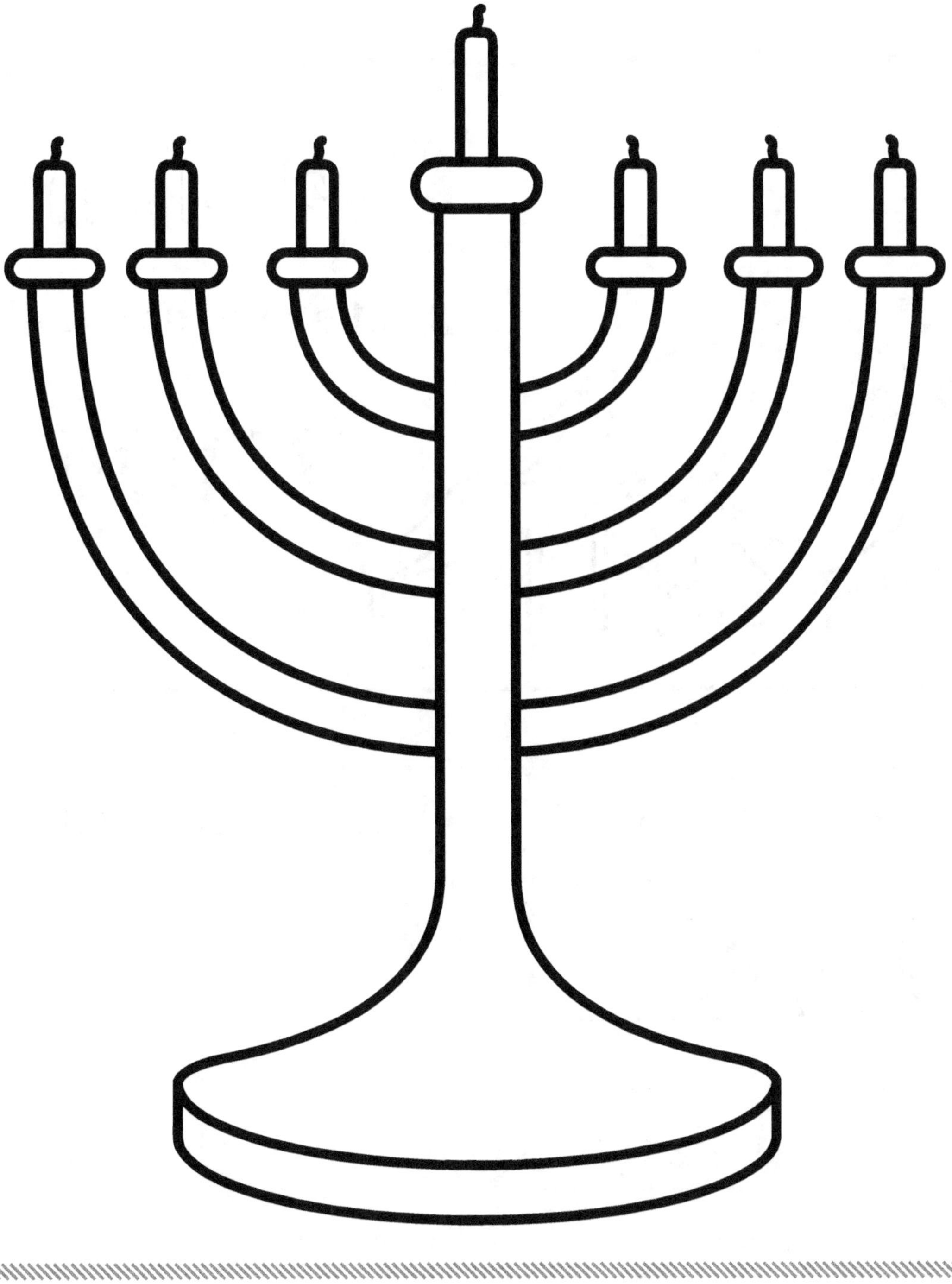

✶ WAJAKHEL ✶

"Und Mose versammelte die ganze Gemeinde der Kinder Israels und sprach zu ihnen: Das sind die Worte, die der Herr geboten hat, daß ihr sie tun sollt."

2. Mose 35,1

Wajakhel

„Und er versammelte"

וַיַּקְהֵל

Zeichne das hebräische Wort hier nach:

וַיַּקְהֵל

ויקהל

Schreibe das hebräische Wort hier:

WIR BESPRECHEN: WAJAKHEL

Öffne deine Bibel und lies die folgenden Bibelverse.
Diskutiere diese Fragen mit deiner Familie, deinen Freunden und Klassenkameraden.

1. Lies 2. Mose 35,1-3. Was wurde den Israeliten aufgetragen, am Sabbat zu tun? Wie lange erwartet Jah, dass sein Volk den Sabbat ehrt?

2. Lies 2. Mose 35,4-29 und 2 Korinther 9,6-15. Was bedeutet es, ein großzügiges Herz zu haben? Warum glaubst du, dass Jah einen fröhlichen Geber liebt?

3. Lies 2. Mose 35,30-35. Bezalel und Oholiab waren geschickte Handwerker. Welche Fähigkeiten hat dir der Vater gegeben? Wie kannst du diese Fähigkeiten nutzen, um andere zu segnen?

4. Lies 2. Mose 35,30-36,7. Viele Israeliten meldeten sich freiwillig, um beim Bau der Stiftshütte zu helfen. Wie arbeitest du mit anderen zusammen, um Menschen in deiner Gemeinschaft zu helfen? Bist du dafür bereit?

5. Lies Hebräer 9,1-5. Warum wurde Aarons Stab wohl in die Bundeslade gelegt?

PEKUDE THORA LEKTÜRE

Lies 2. Mose 38,21-40,38.
Beantworte die folgenden Fragen.

1. Wer hat all das gemacht, was Jah Mose befohlen hatte? ....

2. Wie viel Gold wurde für den Bau des Heiligtums verwendet? ....

3. Wie viel Bronze wurde für den Bau der Stiftshütte verwendet? ....

4. Aus welchen farbigen Stoffen wurden die Gewänder des Hohepriesters hergestellt? ....

5. Was wurde auf die Onyxsteine eingraviert? ....

6. Welche Steine wurden für den Brustschild des Hohepriesters verwendet? ....

7. Welche Farbe hatte das Gewand des Hohepriesters? ....

8. An welchem Tag errichteten die Israeliten die Stiftshütte? ....

9. Wo hat Mose den Brandopferaltar aufgestellt? ....

10. Was war in der Stiftshütte bei Tag und bei Nacht? ....

PEKUDE PROPHETEN LEKTÜRE

Lies 1 Könige 7,51-8,21.
Beantworte die folgenden Fragen.

1. Wer war Salomos Vater? ....

2. Wen hat Salomo in Jerusalem versammelt? ....

3. In welchem Monat versammelten sich diese Männer in Jerusalem? ....

4. Wo wurde die Bundeslade aufbewahrt, bevor der Tempel gebaut wurde? ....

5. Wie viele Schafe und Ochsen wurden geopfert? ....

6. Wo haben die Priester die Bundeslade hingebracht? ....

7. Was war in der Bundeslade? ....

8. An welchem Ort hat Jah einen Bund mit den Israeliten geschlossen? ....

9. Warum konnten die Priester nicht aufstehen? ....

10. Wer war damals König der Israeliten? ....

PEKUDE APOSTEL LEKTÜRE

Lies Hebräer 5,1-11, 1 Korinther 3,1-17
und Hebräer 7,1-8,6.
Beantworte die folgenden Fragen.

1. Was opfert der Hohepriester für die Sünden? (Hebräer 5,1)   ....

2. Wer hat Jeschua zu unserem Hohepriester ernannt? (Hebräer 5,5)   ....

3. "Du bist Priester in Ewigkeit nach der Weise _____..."   ....

4. Welcher König traf Abraham und segnete ihn? (Hebräer 7,1)   ....

5. Wie viel von seiner Beute gab Abraham dem König von Salem?   ....

6. Welcher Stamm Israels dient als Priester? (Hebräer 7,5)   ....

7. Was hielt die Priester davon ab, für immer zu dienen? (Hebräer 7,23)   ....

8. Wer gilt als in Ewigkeit vollkommen? (Hebräer 7,28)   ....

9. Wer ist die Grundlage unseres Glaubens? (1. Korinther 3,11)   ....

10. "Du bist Gottes Tempel und der _____ Gottes wohnt in dir..."

    (1. Korinther 3,16)   ....

PEKUDE

Lies 2. Mose 38,21-40,38. Finde und umkreise jedes der Wörter auf der untenstehenden Liste.

```
O G G O I V G V M U N B V T P M S N E W
O N R S H X I E U F S R M D T L R P R I
B A E S H S D Z B O T K A O A F S M S A
H D E M S W T R E O D N Y R E G N S A X
U E E C M T U I B L T Q S D Q B C P E Z
D N Q P T A H W F Y T I J I M T E J Y W
T S B S K L O H S T P E W B S A M L T O
H T B T D E W J O V S X I U X U A I T E
K U R F R N T E J F N H P N R T F U L L
O H U C V T T O I W D D U D L L W A G F
Z L S J J E M S Y R F I Y E N M F L B S
Y J T W H N E Z B U E A I S T R X T D T
C Z S O W L G X C W Z K X L Q T Z A T A
P H C L K Q P Q J H U V S A V W E R T E
R Y H K C T Y T Q O W E C D H B Q T F M
Q H I E B M S A R W E N A E N R Z Z O M
C B L H O H E P R I E S T E R H B L V E
E Z D N U C Q S C H E K E L D C B A F Z
G R A V U E R I P F K J T A M R V B A F
O N Y X I K O X L X A A J F E U E R R X
```

SCHEKEL GRAVUER FEUER BUNDESLADE
ONYX TALENTE GEBOT BRUSTSCHILD
WOLKE GNADENSTUHL STIFTSHUETTE ZWOELF STAEMME
HOHEPRIESTER ALTAR ZELT MOEBEL

Pekude

- Zeichne Aaron in der speziellen Kleidung des Hohepriesters.

- Erstelle eine Karte der Stiftshütte für Mose.

- Wie würdest du Bezalels Charakter beschreiben?

- Dieser Teil der Thora lehrt mich…

DIE STIFTSHÜTTE

⭐ PEKUDE ⭐

"Dies ist die Berechnung der Kosten der Wohnung, der Wohnung des Zeugnisses, die auf Befehl Moses gemacht wurde, mit Hilfe der Leviten durch die Hand Itamars, des Sohnes Aarons, des Priesters."

2. Mose 38,21

Pekude — „Die Zählungen" — פְּקוּדֵי

Zeichne das hebräische Wort hier nach:

פקודי

פקודי

Schreibe das hebräische Wort hier:

WIR BESPRECHEN: PEKUDE

Öffne deine Bibel und lies die folgenden Bibelverse.
Diskutiere diese Fragen mit deiner Familie, deinen Freunden und Klassenkameraden.

1. Lies 2. Mose 12,35-36, 35,5 und 21-24. Woher kamen die Materialien für den Bau der Stiftshütte?

2. Lies 2. Mose 40,36-38. Woher wussten die Israeliten, wann sie weiterziehen und wann sie ihr Lager aufschlagen mussten? Wie spricht der Vater heute zu uns?

3. Lies 2. Mose 39. Beschreibe die Gewänder der Hohepriester. Wer ist heute unser Hohepriester?

4. Lies 2. Mose 38,1-40,38. Vergleiche Mose mit Jeschua. Wie viele Gemeinsamkeiten fallen dir ein?

5. Lies 2. Mose 38-40 und 1. Korinther 3,16-17. Die Israeliten bauten die Stiftshütte, damit Jah unter ihnen wohnen konnte. Wo ist Jahs Tempel heute?

ANTWORTEN

Schemot Thora Lektüre
1. Er hatte Angst, dass sie sich vermehren und sich den Feinden der Ägypter anschließen würden und sich gegen Ägypten auflehnen
2. Tötet die hebräischen Jungen und lasst die hebräischen Mädchen leben
3. Levi
4. Midian
5. Zippora, Tochter des Jethro
6. In einem brennenden Busch
7. Gehe nach Ägypten, befreie die Israeliten aus der Sklaverei und führe sie aus Ägypten heraus (2. Mose 3,10)
8. Seine Hand war aussätzig wie Schnee
9. Mit seinem Bruder Aaron
10. Er ließ die Israeliten ihr eigenes Stroh sammeln, um Ziegel zu machen, anstatt ihnen welches geben zu lassen

Schemot Propheten Lektüre
1. Erdkreis
2. Altarsteine
3. Sonnensäulen
4. Zwischen dem Euphrat und dem Wadi von Ägypten
5. Einer nach dem anderen
6. Ein großes Schopharhorn wird erklingen
7. Auf den heiligen Berg in Jerusalem
8. Mit stammelnden Lippen und einer fremden Sprache
9. Vorschrift auf Vorschrift, Zeile für Zeile, ein wenig hier, da ein wenig
10. Abraham

Schemot Apostel Lektüre
1. Der Gott Abrahams, Isaaks und Jakobs
2. Drei Monate
3. Sohn der Tochter des Pharaos
4. Ägypten
5. Er war Jah angenehm
6. Mose wurde in aller Weisheit der Ägypter unterwiesen
7. Vierzig Jahre
8. In der Wüste des Sinai
9. "Ich bin der Gott deiner Väter, der Gott Abrahams, Isaaks und Jakobs."
10. Nach Ägypten

Die Israeliten sind Sklaven
1. Sie würden sich vermehren und sich den Feinden der Ägypter anschließen
2. Sie ließen sie als Sklaven arbeiten
3. Alle hebräischen Jungen zu töten

Wa'era Thora Lektüre
1. Abraham, Isaak und Jakob
2. Sie aus der Sklaverei in Ägypten zu befreien und sie in das Land zu bringen, das Er Abraham, Isaak und Jakob versprochen hat
3. Ruben
4. Der Stab verwandelte sich in eine Schlange
5. Wasser wurde zu Blut
6. Mückenplage
7. Fliegen
8. Das Vieh der Ägypter
9. Hagel
10. Gosen

Wa'era Propheten Lektüre
1. Aus den Völkern, unter die sie zerstreut worden waren
2. An allen ihren Nachbarn
3. Den Pharao und ganz Ägypten
4. Seeungeheuer
5. Der Nil
6. Vierzig Jahre
7. Unter den Heidenvölkern
8. Jah wird die Ägypter aus den Völkern, unter die sie zerstreut wurden, zurückholen, das Glück Ägyptens wiederherstellen und sie in das Land Patros zurückbringen, und es soll geringer sein als andere Königreiche, sodass es sich künftig nicht über die Völker erheben wird. Denn ich will sie so vermindern, dass sie nicht mehr über die Völker herrschen werden
9. Im siebenundzwanzigsten Jahr, im ersten Monat, am ersten Tag des Monats
10. König Nebukadnezar von Babylon

Wa'era Apostel Lektüre
1. "Wem ich gnädig bin, dem bin ich gnädig, und über wen ich mich erbarme, über den erbarme ich mich."
2. Um Seine Macht zu zeigen und damit Sein Name in der ganzen Welt verkündet wird
3. Das Volk wuchs und mehrte sich in Ägypten
4. Mose
5. Pharaonentochter
6. Nach Midian
7. Nach vierzig Jahren
8. Weil Mose auf heiligem Boden stand
9. Das Land Ägypten
10. Jeschua Ha'Mashiach

Froschplage
1. Frösche kamen und bedeckten Ägypten
2. Die Zauberer der Ägypter
3. Sein Herz verstockte sich und er wollte die Israeliten nicht befreien

Bo Thora Lektüre
1. Ein Ostwind
2. Alle grünen Pflanzen
3. Finsternis
4. Damit die Wunder Jahs im Land Ägypten zahlreich werden würden
5. Abib
6. Für immer
7. Ungesäuertes Brot (Brot ohne Hefe)
8. Tod des Erstgeborenen
9. Gold- und Silberschmuck, sowie Kleidung
10. Etwa sechshundert-tausend Männer, plus Frauen und Kinder. Und Mischvolk ging mit ihnen, und Schafe, Rinder und Viehherden

Bo Propheten Lektüre
1. Ein Prophet
2. Nebukadnezar
3. Der Pharao
4. Die Ägypter
5. Memphis
6. Gemästete Jungstiere
7. Eine schöne junge Kuh
8. Die Babylonier
9. Die Kinder Israels (die Israeliten)
10. Jakob

Bo Apostel Lektüre
1. Pilatus, der römische Statthalter
2. Auf Golgatha
3. Seine Mutter Maria, Maria (Frau des Klopas) und Maria Magdalena
4. Jeschua von Nazareth, König der Judäer
5. Sie in vier Teile geteilt, einen für jeden Soldaten
6. Vorbereitungstag für das Pessachfest
7. Ysop-Zweig
8. Speer
9. Jah
10. Tempel

Beschalach Thora Lektüre
1. Rotes Meer
2. Die Gebeine Josephs
3. Eine Feuersäule bei Nacht und eine Wolkensäule bei Tag
4. Die ägyptische Armee
5. Durch einen starken Ostwind
6. Er sorgte dafür, dass ihre Wagenräder im Schlamm stecken blieben
7. Die Wüste von Sur
8. Er gab ihnen Wachteln und Manna
9. Er sagte Mose, er solle mit seinem Stab auf den Felsen schlagen
10. Josua

Beschalach Propheten Lektüre
1. Lappidot
2. Prophetin und Richterin
3. Unter einer Palme zwischen Rama und Bethel
4. Barak
5. Jabin
6. "Wenn du mit mir gehst, so will ich gehen."
7. Zehntausend Mann (aus den Stämmen Naphthali und Sebulon)
8. Taanach
9. In Hebers Zelt
10. Vierzig Jahre

Beschalach Apostel Lektüre
1. "Wem ich gnädig bin, dem bin ich gnädig, und über wen ich mich erbarme, über den erbarme ich mich."
2. Um Seine Macht zu zeigen und Seinen Namen in der ganzen Welt verkünden zu lassen
3. Jeschua
4. Sie wurden in der Wüste niedergestreckt
5. Götzendiener
6. 23,000
7. Jeschua
8. Treu
9. Sieben Engel und sieben Plagen
10. Ein Meer aus Glas, vermischt mit Feuer

Jitro Thora Lektüre
1. Jethro war Moses Schwiegervater
2. Gersom und Elieser
3. Er wählte tüchtige israelitische Männer aus und machte sie zu Häuptern über das Volk (über Tausende, Hunderte, über Fünfzig und über Zehn)
4. Im dritten Monat
5. Jah kam vom Berg Sinai
6. Mit lauter Stimme
7. Auf dem Berg Sinai
8. Der Sabbat
9. Du wirst ein langes Leben haben
10. Einen Altar aus Erde oder unbehauenen Steinen für Brand- und Friedensopfer

Jitro Propheten Lektüre
1. König Ussija
2. Der Saum von Jahs Robe
3. Sechs Flügel
4. Glühende Kohle
5. Rezin, der König von Syrien, und Pekah, der Sohn Remaljas, der König von Israel
6. Syrien
7. Weil dem Hause David gesagt wurde, dass Syrien mit Ephraim im Bunde war
8. Jesaja und seinen Sohn, Schear-Jaschub
9. Syrien, mit Ephraim und dem Sohn von Remaliah
10. Friedefürst

Jitro Apostel Lektüre
1. Was soll ich Gutes tun, um das ewige Leben zu erhalten?
2. Willst du aber in das Leben eingehen, so halte die Gebote!
3. Verkaufe, was du hast, gib es den Armen und folge Mir
4. Er wollte seinen Besitz nicht verkaufen
5. Wer auch immer Jeschua gefolgt ist
6. Damit er nicht aufgeblasen wird und in das Gericht des Teufels fällt
7. Sie sollen ehrbar sein, nicht verleumderisch, sondern nüchtern, treu in allem
8. Unseren Nächsten wie uns selbst lieben
9. Als diejenigen, die durch die Thora (Gesetz der Freiheit) gerichtet werden
10. Barmherzigkeit

Mischpatim Thora Lektüre
1. Sechs Jahre
2. Tod
3. Fünf Ochsen für einen Ochsen und vier Schafe für ein Schaf
4. Es soll eine Ruhezeit haben und es soll nichts gepflanzt warden
5. Zu Ruhen
6. Ungesäuertes Brot
7. Ungesäuertes Brot, zum Wochenfest (Schavuot) (Pfingsten) und zum Laubhüttenfest (Sukkot)
8. Vor den falschen Götter der Amoriter, Hethiter, Perisiter, Kanaaniter, Hiwiter und Jebusiter
9. Zwölf Stämme Israels
10. Vierzig Tage und vierzig Nächte

Mischpatim Propheten Lektüre
1. König Zedekia
2. Alle Fürsten und das Volk, das dem Bund beigetreten war
3. Sieben
4. Ihre Feinde werden sie besiegen und in die Sklaverei verschleppen
5. Israeliten
6. Ägypten
7. Durch die Rücknahme ihrer männlichen und weiblichen Sklaven
8. Die Armee des Königs von Babylon
9. König Zedekia und seinen Beamten
10. Juda

Mischpatim Apostel Lektüre
1. Verfehlen
2. Zunge
3. Kein Mensch
4. Tödlichen Giftes
5. Fluchen und Segen
6. Reich
7. Ehrfurcht
8. Ein verzehrendes Feuer
9. Zwei
10. Denjenigen, der von uns borgen will

Verheißenes Land!
1. Ein Engel (Jeschua)
2. Hiwiter, Kanaaniter und Hethiter
3. Vom Roten Meer bis zum Meer der Philister und von der Wüste bis zum Euphrat

Teruma Thora Lektüre
1. Ein Heiligtum, damit Er in ihrer Mitte wohnen kann
2. Akazienholz
3. Das Zeugnis (Steintafeln mit den zehn Geboten)
4. Gold
5. Ein goldener Cherubim
6. Brot
7. Sechs - drei auf jeder Seite des Ständers
8. Cherubim
9. Hörner
10. Die Bundeslade mit Sühnedeckel

Teruma Propheten Lektüre
1. Im vierten Jahr
2. Im Monat Ziv
3. 480 Jahre
4. König David
5. Sechzig Ellen lang, zwanzig Ellen breit und dreißig Ellen hoch
6. Fenster mit fest eingefügtem Gitterwerk
7. Sodass beim Bau des Hauses keinen Hammer, keine Axt und kein eisernes Werkzeug im Haus zu hören war
8. Südseite
9. Balken aus Zedernholz
10. Jah wird in der Mitte der Kinder Israels wohnen und will mein Volk Israel nicht verlassen!

Teruma Apostel Lektüre
1. Durch das Blut von Jeschua HaMashiach
2. Jeschua
3. Glaube
4. Außerhalb des Lagers
5. Außerhalb des Tores
6. Um das Volk durch Sein Blut zu heiligen
7. Licht
8. Berg
9. Auf einem Ständer, damit es das ganze Haus beleuchtet
10. Damit die Menschen unsere guten Werke sehen und unserem Vater im Himmel preisen können

Bundeslade
1. Akazienholz
2. Zwei Cherubim
3. Auf der Bundeslade

Tezawe Thora Lektüre
1. Olivenöl
2. Aaron, Nadab und Abihu
3. Einen Brustschild, ein Efod, ein Gewand, einen gemusterten Leibrock, einen Kopfbund und einen Gürtel
4. Die zwölf Stämme Israels
5. Zwölf Steine
6. Blau
7. Ein Stier und zwei Schafböcke
8. Akazienholz
9. Weihrauch
10. Einmal im Jahr

Tezawe Propheten Lektüre
1. Die Gestaltung des Tempels
2. Berg
3. Eine Elle hoch
4. Quadratisch
5. Osten
6. Zadok
7. Brandopfer
8. Auf den vier Hörnern
9. Ziege, Schafbock und Stier
10. Sieben

Tezawe Apostel Lektüre
1. Als ein lebendiges Opfer
2. Sachte
3. Aaron
4. Sein Vater (Jah)
5. Melchisedek
6. Wegen seiner Gottesfurcht
7. Durch das, was er erlitten hat
8. Jeschua
9. zu teilen
10. Sie wachen über unsere Seelen, als solche, die einmal Rechenschaft ablegen müssen

Ki Tissa Thora Lektüre
1. Einen halben Schekel
2. Bronze
3. Bezalel und Oholiab
4. Der Sabbat
5. Ein Kalb
6. Er war zornig, dass die Israeliten ein goldenes Kalb gemacht hatten
7. In Feuer geschmolzen und zu Staub gemahlen
8. Er zwang sie, Goldstaub zu trinken.
9. Fest der ungesäuerten Brote (einschließlich des Pessachmahls), Schawuot (Pfingsten) und Sukkot (Laubhüttenfest)
10. Der Sinai

Ki Tissa Propheten Lektüre
1. Geh und zeige dich Ahab, und ich werde Regen auf die Erde bringen
2. In Samaria
3. Isebel
4. Einhundert
5. Brot und Wasser
6. 850 Propheten
7. Auf dem Berg Karmel
8. Einen Stein für jeden Stamm Israels
9. Vier
10. Sie fielen auf ihr Angesicht

Ki Tissa Apostel Lektüre
1. Jeschua
2. Jeschua
3. Diener
4. Jah
5. Die alten Israeliten
6. "Mache uns Götter, die vor uns herziehen sollen; denn wir wissen nicht, was diesem Mose geschehen ist, der uns aus Ägypten geführt hat!"
7. Ein goldenes Kalb
8. Geist
9. Getauft
10. Apostel, Propheten, Lehrer; sodann Wunderkräfte, dann Gnadengaben der Heilungen, der Hilfeleistung, der Leitung, verschiedene Sprachen

Wajakhel Thora Lektüre
1. Sich ausruhen und den Tag frei nehmen
2. Um den Efod und den Brustschild für den Hohepriester herzustellen
3. Qualifizierte Handwerker
4. Dan
5. Zehn Vorhänge
6. Akazienholz
7. Gold
8. Sechs Arme
9. Ein Horn an jeder Ecke
10. Silber

Wajakhel Propheten Lektüre
1. Er war ein geschickter Handwerker in Bronzearbeiten
2. Naphthali
3. Achtzehn Ellen hoch
4. Granatäpfel
5. In der Vorhalle des Tempels
6. Jachin und Boas
7. Norden, Westen, Süden und Osten
8. Jordanische Ebene, zwischen Sukkot und Zartan
9. Weil es so viele von ihnen waren
10. Zehn Menoras (fünf auf der Südseite und fünf auf der Nordseite)

Wajakhel Apostel Lektüre
1. Leuchter (Menora) und Schaubrottisch
2. Weihrauchaltar und Bundeslade
3. Goldener Krug mit dem Manna, Aarons Stab und den Tafeln des Bündnisses
4. Jeschua HaMashiach
5. Blut
6. Gericht
7. Zum Heil derer, die auf ihn warten
8. Fröhliche Geber
9. Segen
10. Sie werden ohne Gnade auf Grund der Aussage von zwei oder drei Zeugen sterben

Pekude Thora Lektüre
1. Bezalel
2. Neunundzwanzig Talente und 730 Schekel
3. Siebzig Talente und 2.400 Schekel
4. Gold-, Blau-, Scharlach- und Purpur
5. Die Namen der zwölf Stämme Israels
6. Rubin, Topas, Smaragd, Granat, Saphir, Diamant, Opal, Achat, Amethyst, Chrysolith, Onyx und ein Jaspis
7. Blau
8. Erster Tag des ersten Monats
9. Am Eingang der Stiftshütte
10. Die Wolke von Jah war am Tag in der Stiftshütte und nachts ein Feuer

Pekude Propheten Lektüre
1. David
2. Die Ältesten Israels und alle Häupter der Stämme Israels
3. Etanim (Siebter Monat)
4. Stadt von David (Zion)
5. So viele, dass sie nicht gezählt werden konnten
6. In das Allerheiligste
7. Zwei Steintafeln
8. Horeb
9. Wegen der Wolke (Herrlichkeit von Elohim), die das Haus erfüllte
10. Salomo

Pekude Apostel Lektüre
1. Gaben und Opfer
2. Der Vater
3. Melchisedeks
4. Melchisedek, König von Salem
5. Ein Zehntel
6. Levi
7. Ihr Tod
8. Jeschua
9. Jeschua
10. Geist

WEITERE ÜBUNGSBÜCHER ENTDECKEN!

Zu erwerben unter shop.biblepathwayadventures.com

SOFORT DOWNLOADS!

Wöchentliches Thora Übungsbuch   Schemot / 2. Mose
Rein und Unrein   Wajikra / 3. Mose
Hebräisch lernen: Das Alphabet   Bemidbar / 4. Mose
Bereschit / 1. Mose   D'varim / Deuteronomy

www.ingramcontent.com/pod-product-compliance
Lightning Source LLC
LaVergne TN
LVHW060335080526
838202LV00053B/4476